本书出版得到中国博士后科学基金资助，
基金编号：20080430894

Research on the Strategy of M&A between Knowledge-based Organizations

陈搏 著

知识型组织并购战略研究

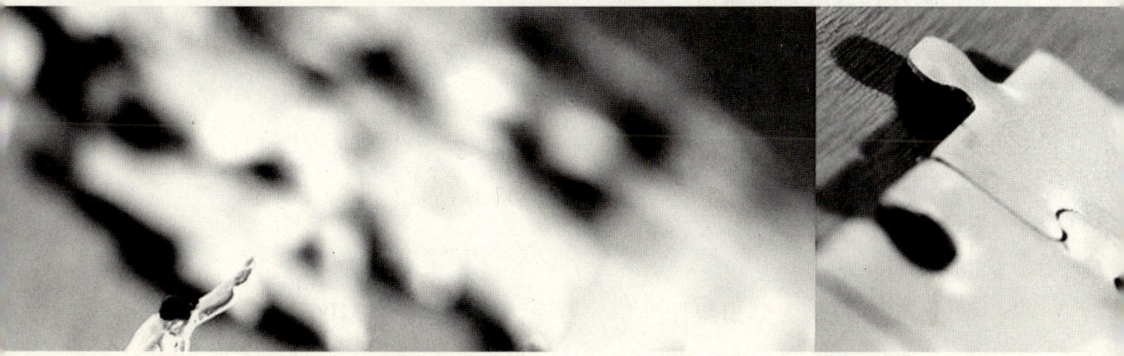

暨南大学出版社
JINAN UNIVERSITY PRESS

中国·广州

图书在版编目（CIP）数据

知识型组织并购战略研究／陈搏著．—广州：暨南大学出版社，2012．4
ISBN 978－7－5668－0073－2

Ⅰ．①知…　Ⅱ．①陈…　Ⅲ．①企业兼并—研究　Ⅳ．①F271

中国版本图书馆 CIP 数据核字（2011）第 258015 号

知识型组织并购战略研究
著　　者　陈　搏

出 版 人　徐义雄
策划编辑　杜小陆
责任编辑　杜小陆　林芳芳
责任校对　杨海燕
地　　址：暨南大学出版社（广州暨南大学　邮编：510630）
网　　址：http：//www. jnupress. com　http：//press. jnu. edu. cn
电　　话：总编室（8620）85221601
　　　　　营销部（8620）85225284　85228291　85228292（邮购）
排　　版：广州市广海照排设计中心
印　　刷：佛山市浩文彩色印刷有限公司
开　　本：787mm×960mm　1/16
印　　张：10．75
字　　数：187 千
版　　次：2012 年 4 月第 1 版
印　　次：2012 年 4 月第 1 次
定　　价：26．00 元

序

有人称，知识型组织即“轻资产企业”。这里的“轻资产”并不是指没有资产，而是指组织的主要资产不是传统意义上的房子、机器设备等，而是以技术、专利、人才和客户等形态存在的资产。这些资产如何估值、如何定价、如何整合等一直是困扰并购实务界的难题。当然，这些难题并没有阻挡知识型组织并购的步伐，从国内到国际，知识型组织并购依然风起云涌。据北京交通大学中国企业兼并重组研究中心主办的《并购观察周刊》报道，2011年软件行业仍是中关村并购最为活跃的行业，共发生20起并购案例。在2011年前9个月，谷歌就进行了57次并购。微软资深副总裁张亚勤称：“其实谷歌所有搜索以外的业务全是通过并购来的。包括它的地图、它的视频——Youtube和它的移动操作系统——安卓，都是通过并购而来的。所以并购有的时候会帮助企业快速发展它的业务，然后增强核心竞争力。”理论来源于实践，成功的理论有益于指导实践。这本《知识型组织并购战略研究》正满足了知识型组织并购实践的这一需求。

作者从上海交通大学管理科学与工程专业毕业后进入了哈尔滨工业大学管理科学与工程的博士后流动站，并获得了中国博士后基金第43批资助，本书就是作者在博士后工作期间重要成果的基础上修改完成的。本书主要以知识型企业并购战略为研究对象，围绕为什么选择并购、并购的动力何在、并购的真正对象是什么、如何选择并购目标、如何估值、如何定价、如何整合等一系列问题展开研究。综合知识经济学、组织管理学、知识管理理论、企业并购理论、博弈理论、期权定价理论、认知心理学和统计理论等多学科的理论知识，运用归纳、演绎、比较分析、定量分析、定性分析、问卷调查、统计分析和案例分析等方法，对知识并购这一全球性的新课题进行了探索性的研究。

本书的主要创新点有：①提出知识价值最大化理论，为知识并购成败提供了一个评价标准；②将知识价值、知识管理的相关理论与企业并购理论成功结合，形成了系统的知识并购理论；③发现了“知识创新悖论”，为进一步改善创新环境提供了理论支持。

本书对政府宏观管理者有两点启示：①知识价值最大化不仅是企业的目标，也应该是政府宏观管理的目标，推动知识并购有利于知识整合创新，创新的知识是社会进步的源泉。因此，政府应该加强对知识的宏观管理，为组织之间的知识交流和共享提供平台。宏观知识管理应成为政府的一项重要职能。②“知识创新悖论”的存在提示政府在制定产业政策时要考虑行业的知识更新速度，对较长时间内知识更新保持高速的行业进行适当调控，如果需要保持国际竞争力，那么政府需要对该行业提供一定补贴，以弥补投资回报较低的损失，稳定投资者的投资积极性。

本书对知识组织的管理者有五点启示：①知识型组织的核心资产是知识，其中又以隐藏在员工头脑中的隐性知识最为重要，因此，知识型组织中掌握核心隐性知识的员工是关键资产，在并购中留住核心员工也就留住了组织的未来。②掌握核心隐性知识的员工形成一个网络，只有保持网络成员的稳定，才能保证这类知识价值得以体现。辨析和维护网络式知识是管理层的重要任务。博彦科技股份有限公司董事长王斌在并购印度 ESS 公司后表示：“我们看中的是它的团队管理人员，也包括它的技术团队。”③知识并购的拉力来源于动态能力提升的要求，并购的推力来源于承载核心知识的员工对进化后新知识价值分享的预期，组织应该加强对这部分员工的股权激励，以制度的形式保障预期的实现。④信任关系和知识距离在并购目标选择、目标知识估值和定价以及知识转移和整合的决策中都是必须考虑的关键变量，组织在进行并购战略决策时一定要对其进行科学的评价。⑤知识更新速度是影响知识资产价值和定价的重要因素，不同行业的知识更新速度也不一样，组织应该根据本行业的知识更新速度调整并购谈判的时间，以避免两败俱伤的后果。开诚布公的谈判氛围是实现“双赢”的重要前提。

本书是作者继《知识交易及管理研究》之后又一学术专著。学术研究是一个苦差事，有些人由于制度的原因不得已而为之，有些人则由于兴趣驱动乐意为之，作者就属于后一类。作者热爱学术研究工作，愿意为之付出自己的心血与汗水，并将一如既往地坚持在学术探索的道路上，取得更多的学术成果，丰富和完善管理科学的理论。在此，感谢我的博士生导师王浣尘教授和博士后合作导师王苏生教授对我的学术指导，也感谢暨南大学出版社杜小陆老师对本书出版的大力支持。当然，文责自负。

陈　搏

2012 年 3 月于东莞

目录

第一章 绪论

第一节 课题的研究意义

一、课题研究的理论意义和学术价值

传统的企业并购研究主要集中在行业组织和金融经济两个方向，而本课题的研究将集中在知识型企业的知识创新和进化，因为从这个角度来分析可能更适合知识并购的研究。传统的企业并购研究从资本协同、税务协同或市场协同等角度选择并购目标，而本课题的研究将从知识集成的角度选择并购目标。传统的企业并购研究主要是从协同成本减少的角度来评估并购的价值，而本课题的研究则从知识集成及创新知识所创造的价值的角度来评估并购的价值。传统的企业并购研究主要从采购整合、物流整合和市场整合等层次来分析并购的整合，而本课题的研究则从知识的转移和整合的层次来分析并购的整合。由此可见，本课题的研究将对企业并购理论进行创新和补充，使并购理论更适合知识经济发展的需要。

二、课题研究的实践意义和应用前景

斯威比（Karl Erik Sveiby，2007）认为，“兼并常常失败，这对于充满文化冲突的知识型企业更是双倍正确”。虽然现实中并购失败的概率确实比较高，但知识型企业之间的并购依然此起彼伏。2008 年就有微软（Microsoft）并购雅虎（Yahoo）之争，而美国著名的思科（Cisco）公司就是通过多年的并购成长起来的知识型企业。知识型企业的无形资产占总资产的比例远高于

有形资产所占的比例，因此，传统的并购理论很难对知识型企业的并购实践发挥指导作用。例如，在微软并购雅虎之争中，为什么一般的投资者根据雅虎的有形资产判断微软的出价已经有很高的溢价，而雅虎的高层却认为这一价格低估了雅虎的价值？为什么比尔·盖茨会认为并购雅虎的目标是其庞大的工程师队伍，难道这些人才才是并购溢价的真正原因？本课题的研究将从知识型企业的并购实践中总结经验并将其上升为理论，又以此理论成果来指导并购实践。本课题的研究成果将为知识并购实践中的目标知识选择、目标知识定价和目标知识整合提供指导。在知识经济时代，本课题的研究成果将会有较为广阔的应用前景。

第二节 国内外的研究动态

一、知识价值理论研究

国内对知识价值及定价进行系统研究并形成博士学位论文的文献有不少。范领进（2004）对知识概念的相关基础理论，知识的形成、积累与运用的过程和机理，知识价值的本原和测度方法等前沿问题进行了深入的探究。徐颖（2006）构建了知识商品交易价格理论体系的四层次框架，建立了知识商品交易从本质内涵到外在价格运行机制的理论体系，并提出了知识商品交易价格可行阈的界定和最优价格策略模型。周波（2007）提出的知识交易定价模型揭示了效用不确定性、效用的动态性、信息不对称、非重复交易和交易方式的多样性等对最优知识定价以及社会福利的影响。王莉（2006）研究了以技术型资产转让为目的的技术型资产价值的评估，构建了基于市场的、从技术型资产的供给方和需求方两个角度考虑的复合的价值区间评估模型。徐光宇（2006）就软件企业价值（组织知识价值）是怎么形成、以什么方式传递给投资者，哪些因素决定了软件企业价值，投资者如何对软件企业进行投资决策等问题展开了研究。以上学者的多篇博士论文研究成果主要是基于劳动价值理论和西方主流经济学的知识价值理论进行分析，试图构建知识经济学的宏观和微观理论体系，这些研究成果表明知识经济学的理论体系已经基本上建立了，但是这些成果与企业管理中的知识生产、销售和营销定价等实际应用还有一定的距离。陈搏（2007，2009）从知识价值转换、分配、实现和测度等角度将知识价值理论与企业知识管理实践结合起来研究解决了以下几个问题：知识资源持有者如何参与组织产品价值分配？如何对知识资源合理定价，以推动知识在组织内部充分交易流动？如何对创新知识合理定价，以推动知识在组织之间的交易流动？这一研究使知识价值理论的应用又向前推进了一小步，知识价值已经不再囿于理论研究的范畴，而向企业的知识经营和知识管理实践渗透。

二、不同类型知识的定价研究

不同类型的知识，其定价方式也不一样。根据迈克尔·波兰尼（Michael Polanyi）对知识的分类，知识可以分为显性知识和隐性知识，本课题中我们将信息归为显性知识类别。对于显性知识的定价研究，金允汶（1999）总结了信息产品定价的四种方式；方明、顾渊和宣国良（2000），张丽和王永慧（2004），李长玲（2006）等人分别对信息产品的定价策略作了研究。对于隐性知识的定价研究，丁梅生和黄克臣（2005）分析了创新设想的交易和定价；何会文和陶峻（2006）分析了知识服务的定价策略。人力资本是一种特殊的隐性知识商品，有不少学者对人力资本定价进行了研究，如张少杰等（2005）对巴鲁克列·列弗（Baruch Lev）和阿巴·施瓦茨（Aba Schwarts）提出的人力资本定价模型进行了修正。以上文献提供的知识定价方式基本上可以分为三类，即基于成本、基于竞争和基于盈利目标定价，这些定价方式主要是站在卖方的角度来定价，没有考虑知识本身的特性（知识的质量）、知识转移的成本和买方对价格的心理评价等因素。Gosain（2007）认为知识本身的特性

（包括知识太隐性无法表达、知识嵌入在社会结构中、知识的质量较难评价、知识的有用程度不明晰和信息不对称等）要比其他因素对知识交易的影响更大。同时，买方对知识价格的心理评价直接影响其购买意愿，因此，我们在知识定价的决策模型中有必要把知识本身的特性、知识转移的成本和买方对价格的心理评价等因素考虑进来。陈搏（2007）在定义知识（转移）距离的基础上把以上几个因素考虑进去，对知识定价问题作了有益的探索。

三、知识并购的动因研究

知识型企业并购的动因与传统的工业型企业并购（如规模经济和控制产业链等）有所不同，知识型企业并购在竞争知识资源的过程中显示出其特殊的动因。杨荣（2005）认为 IT 企业并购的动因是快速获取技术，不断提高企业的核心能力，获取高科技人才优势和帮助 IT 企业解决资金瓶颈问题；赵玉林和张倩男（2006）则认为高技术企业并购的动因是寻求技术上和知识上的互补，改善结构，扩大规模，争取实现市场互补，提高竞争力；Geoffrey A. Moore（2007）以思科公司并购实践为例进行分析并认为知识并购的动因是为了获得差异化能力。从国家之间竞争的角度来看，发展中国家的知识型企业可以通过知识并购打破发达国家的技术壁垒或封锁。

四、知识并购目标的选择研究

知识型企业并购目标的选择是并购成功与否的关键。Tsai 和 Hsieh（2006）建立了一个两阶段决策模型以帮助企业在知识并购中寻找合适的技术资产。Man 和 Duysters（2005）认为如果大公司想通过知识并购来增强他们的创新能力，那么并购的目标要定为小公司。同样，Capasso 和 Meglio（2005）发现思科公司的知识并购目标标准设定为 60 ~ 100 人的小技术公司。Geoffrey A. Moore（2007）认为并购目标的知识是否具有可集成性以形成差异化优势是目标选择的本质标准。在现有的文献中，就知识并购目标选择进行研究的还不多。

五、知识并购的整合研究

并购后的整合是传统并购研究的重点，因此也有许多学者对知识并购的整合展开研究。郭俊华（2004）从知识资本数量变化的角度对并购后知识资本协同的效应进行了分析，并认为并购后知识资本协同的效应可正可负，只有当整合过程中创造出的新知识资本超出因内耗减少的知识资本时才能取得增强的效应；否则，会造成知识资本总量的损失。原毅军等（2007）也分析了智力资本的协同问题，并认为这是并购能否取得成功的关键所在。励凌峰和黄培清（2005）分析了并购中供应链之间的知识整合问题。侯汉坡和刘峰（2007）提出知识并购整合中的三个重点：对目标企业知识进行识别和分类管理、利用多种管理方式促进知识整合、通过有力的激励措施促进知识整合，并给出了相应的管理工具和建议。Anthony 和 Summerton（2006）认为知识并购整合中应该重视三个方面的冲突，即认识上的冲突、因价值观或利益上的差异导致信息处理方式不同所引发的冲突、术语运用上的差异所引起的冲突。

知识并购整合中的知识能否成功转移决定了整合的成败，因此，知识转移成为知识并购整合的研究重点。刘星等（2006）研究了并购中知识转移的影响因素；胡峰和关涛（2006）分析了并购整合中隐性知识的扩散问题；钟耕深和徐宁（2007）也对并购整合中隐性知识的共享机制展开了研究；于培友和奚俊芳（2006）对并购整合中知识转移的情境建设提出了建议；Iborra 和 Dolz（2005）认为并购整合中知识转移能否成功取决于是否能够留住被兼并企业的关键员工；Denise Sumpf（2005）通过案例研究证实并购整合中知识转移是在兼并方与被兼并方之间双向流动的，并且参与者只有在地位上得到认同才有可能共享其知识。另外，Barbara Weber 和 Christiana Weber（2007）实证分析了组织间知识转移的影响因素。

六、知识并购中目标企业定价研究

孙涛（2005）对传统并购中目标公司定价理论与方法进行了研究，提出了三段式定价模型。赵建生和李克华（2002）探讨了知识密集型企业价值评估的方法。目前，在知识并购中目标企业定价方面展开研究的国内外文献都还不多，但国内外在知识并购方面的案例却不少，这说明理论的分析还没有跟上实践的步伐，也说明这是一个值得探索的课题。

从以上文献综述的概况可知，知识并购中目标公司（知识）的选择及其定价是目前研究中比较薄弱的两个领域，这也是本书的研究重点。当然，并购的动因、整合等问题也还需要进行进一步的研究，并且与前两个问题密切相关。

第三节 课题研究的方法和技术思路

一、课题研究的方法

本课题研究主要运用了定性方法和定量方法。在目标知识的选择和集成方面将会较多运用定性方法；在目标知识定价及知识转移影响因素分析方面将运用定量方法；在收集数据方面将运用问卷调查和访谈等方法；量表的设计将采用 Likert 式 5 点量表并运用计量经济学的方法对调查数据进行处理；针对知识定价过程中存在的信息不对称问题，将在并购目标知识定价的机制设计方面运用博弈论与信息经济学的分析方法。

二、课题研究的技术思路

本课题研究的技术思路如下图所示：

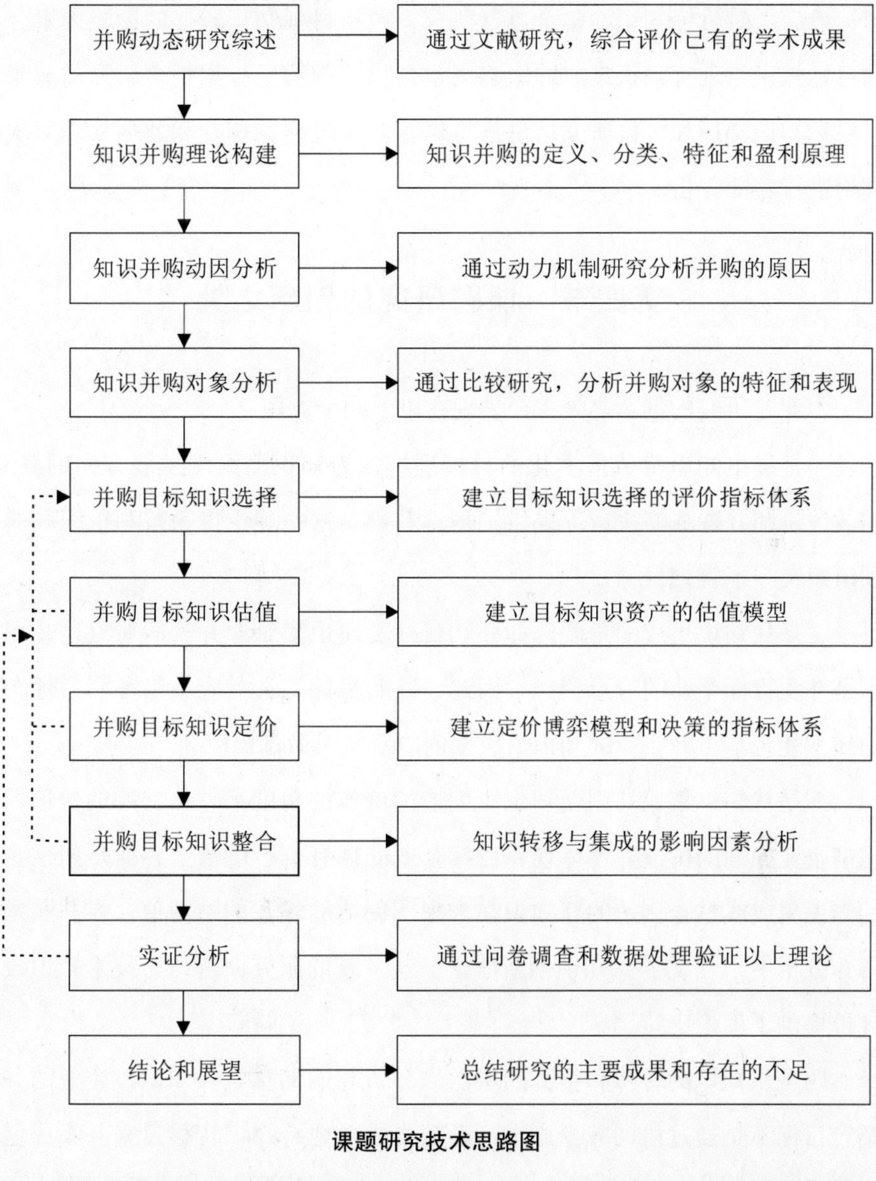

课题研究技术思路图

本课题研究的基本思路是在文献综述、基本理论构建、并购动因分析和并购对象分析的基础上，首先，从并购目标知识的选择研究着手，研究目标知识选择的原则、标准和对目标知识进行评价的指标体系等内容，选择分析要结合定价和整合的要求；其次，对目标知识的定价展开研究，这其中包括目标知识被整合后再创新知识的价值估计、定价决策的指标体系的建立等内容；最后，对目标知识的整合进行研究，包括目标知识转移的影响因素分析和目标知识与现有知识集成的影响因素分析等内容，根据整合研究的成果再对目标知识选择和定价研究结论进行修正。通过问卷调查和数据处理对前述理论进行实证分析。

第四节 课题研究的创新之处

本课题研究的创新之处主要表现在以下四个方面：

一是提出知识价值最大化的目标理论，为知识型组织发展方向的确立、绩效评价和并购战略决策等提供了理论基础。这一理论也为盈利组织和非盈利组织统一了管理目标。

二是从知识集成的角度选择并购目标。知识型企业并购的对象是知识而不是并购目标企业的有形资产，因此，并购目标的选择应该以考察目标企业的知识能否与主并企业的知识集成并创造新知识为首要标准。

三是从知识集成并创新知识所创造的价值的角度来评估并购的价值。知识型企业并购的价值并不体现在目标企业的现有资产价值上，而是两个企业的知识集成或整合创造的新知识在未来所创造的收益的贴现值。在并购定价博弈分析中，发现了“知识创新悖论”这一新的研究命题，为技术知识投资评价提供了理论支持。

四是从知识的转移和整合的层次来分析并购的整合。知识型企业的并购整合目标不是通过协同减少成本，而是要成功地将知识转移过来并集成创新出新的知识。

第五节 本书研究的主要内容和安排

在知识经济时代，知识定价和知识并购等问题已经成为经济发展中急需深入研究的课题，本书对知识型企业并购中需要重点解决的三个问题展开研究，即并购目标知识的选择问题、目标知识如何估值和定价的问题、目标知识如何与现有知识成功整合并创造具有新价值的知识的问题。在研究这三个问题之前，我们要建立知识并购的基本理论，分析组织在什么条件下选择知识并购来获取知识，通过并购获取知识的动力是什么，需要并购的知识是什么样的，等等。因此，本书的余下内容安排如下：

第二章为知识并购的基本理论。我们将定义知识并购，分析其主要类别，结合知识型组织特征概括知识并购的主要特征，最后在总结并购盈利原理理论的基础上提出知识价值最大化的知识并购盈利原理。

第三章为知识并购决策的前提条件。我们将分析影响知识获取的主要因素，建立相关模型对组织决策的前提条件进行量化分析，并通过案例来说明。

第四章为知识并购的动因分析。这一分析基于动态能力理论，首先阐明组织动态能力的基础是核心隐性知识；其次是分析核心隐性知识进化的过程；再次是对核心隐性知识通过并购进化的机制展开分析；最后从三个方面阐述了通过知识并购使核心隐性知识进化的优势。

第五章为知识并购的目标知识资产。我们认为知识并购的对象是一种网络式知识，它是组织核心竞争力的源泉。我们定义了网络式知识，从网络和价值的角度概括了网络式知识的主要特征，分析网络式知识与组织核心竞争力和竞争优势之间的关系，最后提出了网络式知识的管理建议。

第六章为知识并购目标知识资产的选择分析。本章再次强调知识并购的目标是网络式知识资产，并从认知心理学角度出发，分析了网络式知识的心理机制和特征，在此基础上，我们分析了网络式知识转移和整合对并购目标选择的影响，得出了八个有助于组织并购决策的推论。

第七章为知识并购目标知识资产估值分析。本章评价了知识型组织价值评估的特点；基于 B－S 实物期权模型和二项式实物期权模型建立了目标企业知识资产价值评估的模型并作了比较分析；根据企业并购决策的实际情况对二项式模型进行了变换改进，提高了该模型的可操作性。

第八章为知识并购目标知识资产定价分析。本章运用讨价还价和双向拍卖博弈模型对并购定价过程展开分析。首先，完全信息条件下，对定价博弈过程的分析表明，在主并组织强势的前提下目标组织最多只能得到知识资产增值收益的四分之一；在目标组织强势的前提下，其得益取决于本领域知识更新的速度；双方力量均衡且知识更新速度很慢时，双方均分总剩余。其次，不完全信息条件下，双方在总剩余中的分配比例将取决于信任关系和知识距离的大小。最后，通过博弈机制分析得出让并购双方说出对目标知识资产真实估值的直接机制，即并购定价等于双方声明的目标知识资产估值之和去除估值之积。

第九章为知识并购的整合分析。本章概括了知识转移和知识整合等基本概念，剖析了并购后知识转移和整合的环境特点，分析了并购后知识转移和知识整合的主要影响因素，最后提出了并购后知识转移和整合的基本操作框架或管理建议。

第十章为知识并购的实证分析。本章主要是通过访谈和问卷调查收集数据，通过数据分析得出结论来证实前述理论观点。介绍了访谈和问卷调查的基本情况，运用 SPSS 16.0 软件处理数据，作了信度分析、描述性统计分析和因子分析，数据分析的结果基本上验证了前述观点。

第十一章为结论和展望。本章将从分析对象、分析方法、分析过程和分析结论等对全书进行概括，阐述主要观点，剖析存在的不足之处，对下一步的研究进行展望。

第二章　知识并购的基本理论

第一节　知识并购的定义

并购（Mergers & Acquisitions，M & A）从英文原意来看是合并与收购等组织资产重组行为的总称。Merger 译作“合并”，是指两家以上的公司结合成一家公司，原公司的权利与义务由存续（或新设）的公司承担；Acquisition 译作“收购”，是指并购企业购买目标企业的资产、营业部门或股票（Sudarsanam，1998）。由于并购的重心已从早期的物质资源争夺向目前的知识资源整合转移，所以并购的概念也在向技术和知识领域拓展，出现了知识并购、智力资本并购和技术并购等概念。刘开勇（2004）对技术并购这样定义：拥有雄厚实力的大企业，或是为了加强自身能力基础，或是为了技术多样化，或是为了巩固市场地位、提高竞争力，或是出于进入新产业的动机而并购拥有独特技术的中小企业的企业经济行为。从技术的定义来看，技术是为制造特定工业产品所需的管理、组织以及技能方面的知识，包括工艺和技能两方面（傅家骥，1996），技术也是知识的一部分，这似乎表明没有必要再定义知识并购。但是，知识的范畴要比技术大得多，而且大量涌现的知识服务型企业之间的并购不应该排除在我们的研究视野之外，再者，随着组织管理从对物的管理为主向对人的管理为主的转变，文化、心理和制度等方面的知识在组织战略资源中的地位也越来越高。因此，我们需要从整个知识系统的角度来研究组织并购。我们不但需要研究技术知识，而且还要研究制度知识、心理知识和文化知识在并购前后的转移和整合问题，更重要的是要研究这些知识在并购前后相互关系的变化。

马克卢普（2007）在20世纪60年代就提出“从事知识的生产与分配的知识产业是美国最重要的产业”。在知识创新成为社会进步的灵魂的时代，智力资源成为各种组织最重要的战略资源。组织学习、组织创新、组织联盟和组织并购都是组织获取智力资源的方式。组织以获取无形的知识资源为目的的并购行为即是知识并购。这种并购行为并不仅仅局限于知识型组织之间，也有可能在知识型组织与非知识型组织之间发生，本书主要研究知识型组织之间的知识并购战略。

第二节　知识并购的分类

为了更好地分析知识并购，我们有必要对其进行分类分析。刘开勇（2004）根据并购在企业经营中发挥的作用将技术并购分为四类，即进入新领域型、技术升级型、技术完善型和技术互补型。进入新领域型是指企业通过并购进入一个全新的或与原业务关联不大的新技术产业的并购行为；技术升级型是指企业通过并购实现核心技术更新的并购行为；技术完善型是指企业通过并购实现对现有技术的全面垄断的并购行为；技术互补型是指企业通过将原有的核心技术与被并购企业的核心技术整合创新以实现技术跃迁的并购行为。这种分类方法虽然在某种程度上符合并购的实际情况，但这四种类型之间的界限是不明晰的，特别是技术完善型和技术互补型，在实际应用过程中难以明确区分。我们认为应该考虑从主并组织处置知识资产的方式的角度来进行分类，即分为知识整合型并购和产权控制型并购。知识整合型并购是指主并组织并购目标组织以后将两个组织的知识资产进行转移与整合创新，目的是通过知识整合后的知识创新赢得新的竞争优势。产权控制型并购是指主并组织将目标组织并购后，让目标组织保持资产现状，继续独立进行研发，但原有的知识资产和将来创新的知识资产的所有权都属于主并组织，且通过知识产权的控制来获得新的竞争优势。这样分类使并购后的战略方向一目了然，并购后的整合要求也非常明确，有利于组织成功实施并购后的整合。本书将主要分析知识整合型并购。

第三节　知识并购的特征

知识并购与一般并购在并购目的、并购对象的选择、并购估值和定价以及并购整合等方面都存在明显的差异，因而体现其不同于一般并购的特征。在分析知识并购的特征之前，我们首先概述一下信息和知识在组织活动中的作用和地位。

对于信息与知识的关系以及知识在企业中的地位和作用，研究“企业是什么”的制度经济学家有以下观点：信息是一种能产生知识的商品，而知识是由信息生成的（支撑的）信念。在某些情况下，信息与知识之间由于联系松散或没有关联而产生裂痕；同时，信息是一个闭集，而知识在本质上却是一个开集。企业是特定知识的储藏室——内嵌于企业规则、服务和战略能力中，企业受到它们知道什么和它们能做什么的显著约束（弗朗斯曼，2007）。“我强调使企业得以运作的资源的重要性以及对企业职员的经验和知识的开发，是因为这些因素在很大程度上会决定企业对外部世界变化的反应和决定它在外部世界中能‘看到’什么。”（Penrose，1959）可见，知识在组织中的作用是明确的。

组织内部的知识可以分为显性知识和隐性知识两类，显性知识是以设计图纸、工艺规程、工作手册等形式存在的，而隐性知识是隐藏在员工的头脑及员工之间的协作关系中的。从知识发挥作用的过程来看，隐性知识离不开显性知识，显性知识更离不开隐性知识，而且知识在组织中发挥作用的具体过程，在很多情况下，对我们来说依然是模糊的，因此，知识密集型组织也是“模糊”密集型组织（Alvesson，2004）。

知识并购一般是知识密集型组织之间的并购，知识密集型组织是为市场提供熟练知识运用或以知识为基础的产品的组织，提供的产品是计划、蓝本、样品或研发成本大于制造成本的批量产品。在组织的生产、销售和服务中的大量工作都要依靠员工的智力技能来完成，大多数员工都接受过高等教育或相关训练，丰富的理论和分析能力在工作中是必要的。这种组织的员工大多数都从事智力劳动，如教育培训组织、研发组织、软件公司和医药公司等。根据美国医药协会对医药公司的调查，医药公司35%的人员从事市场营销工作、22%的人员从事生产和质量控制工作、21%的人员从事研发工作、12%的人员从事管理工作、10%的人员从事其他工作（Danzon，2004）。Alvesson（2004）认为知识密集型组织具有以下特征：①员工的工作集中了智力和象征性技能；②自我组织和分散授权是组织管理中的突出特征；③高度不确定性和问题解决的团队意识要求团队成员密集交流和协调工作以解决复杂问题；④强调以顾客为中心的专职服务；⑤复杂的问题和需要考虑无形元素的解决方案要求主观和不确定的工作质量评价；⑥专家地位在公司和顾客之间形成了特别的权力不对称。以这类组织为并购对象的知识并购自然会受到以上组织特征的影响而具备以下特征：

（1）并购的目标是由关键员工组成的团队。目标组织的员工承载了组织的隐性知识。组织的产出，即复杂和不确定性问题的解决，需要员工运用其隐性知识并结合显性知识才能实现，因此这些员工对并购后组织的产出具有十分关键的作用，他们才是目标组织的真正价值所在。Jacobsson（1984）的实证分析表明，在所有并购后一年之内R & D（研究与开发）关键人员离开的情况和在60%总经理离开公司的情况下，并购都以失败告终。

（2）目标组织价值的模糊性。知识并购中的并购对象是一种“模糊”密集型组织，因为其知识发挥作用的过程并不是十分清晰的（当然，如果主并组织对此很了解也就不需要为此支付了），因此也很难用一个确定的价值标准来衡量其价值。主并组织需要通过相当长的一段时间来收集目标组织及类似组织的相关信息才能对其形成一个比较合理的估值，实证研究表明，这段时间平均为10个月，低于6个月并购就可能会失败（Jacobsson，1984）。

（3）并购整合的柔性管理。自主性和分散授权是知识型组织管理的突出特征，因此，主并组织在整合目标组织时也必须延续这种柔性管理风格。过多的约束和权力的集中都会抑制员工隐性知识的创造性发挥，进而影响到组织对顾客服务的质量。在知识并购中一般很少发生敌意并购，因此，1995年6月5日，美国IBM公司耗资32亿美元敌意并购莲花（Lotus）公司时，很多学者都为IBM公司捏了一把汗。但是，IBM公司的郭士纳通过成功的信息沟通，与莲花公司的员工在网上直接进行沟通并解决了这个问题，将莲花公司作为IBM公司麾下的一家单独的子公司保留下来，并且保留它的身份和组织结构（按照前面的分类标准，这一并购属于产权控制型知识并购）。Robert F. Bruner（2005）这样评价这一案例："在关键资产每天都要离开公司的产业里，从来没有发生过这种形式的要约收购；离开了人力资本，目标公司可能很快就会成为一个空壳，几乎不会有成长前景。敌意收购在高技术和软件行业是极其罕见的。"（Robert，2008）

（4）并购的最终目标是实现知识价值的最大化。在知识并购中，目标组织之所以愿意被并购，是因为其知识的应用范围受到其他资源的约束难以进一步扩大，而主并组织的知识资源也受到短缺资源的限制而难以实现价值增值的目的，因此，将两个组织的知识资源整合形成新的知识组合会使原有的知识价值最大化，这样两个组织的所有者就都能够从知识价值的增值中获益。

为了更清晰地阐述知识并购与一般并购的区别，我们从并购目的等角度对二者进行了比较，如下表所示。

知识并购与一般并购的主要差别

	知识并购	一般并购
并购目的	知识整合创新，知识价值最大化	物质或财务资源的重新组合，交易成本最小化

（续上表）

	知识并购	一般并购
并购行为性质	组织动态能力提升	短期资本运作
并购对象	知识创新团队	生产资源、生产能力或营销渠道
并购估值	无明确的参照标准	有参照标准
对知识转移的要求	大量密集并有组织的知识转移	零散的知识转移
主导专家	知识管理专家	金融专家
并购成功的标准	创新知识，能力提升，股东与员工共赢	成本削减，收益增加，股东满意

第四节　知识并购盈利的基本原理

并购的获利机制一直是经济管理领域的重要研究对象，众多学者的研究已经形成了多种理论，以下对这些理论所分析的并购获利机制逐一进行介绍。

一、新古典经济学的效率理论

新古典经济学的效率理论认为并购活动能提高企业经营绩效，增加社会福利，对整个社会来说是有潜在收益的，应支持企业的并购活动，并购主要是通过规模经济来提高效率。新古典经济学的支持者由多个学派组成，如以马歇尔（A. Marshall）为代表的剑桥学派，以瓦尔拉斯（L. Walras）和帕累托（V. Pareto）为代表的洛桑学派，以门格尔（C. Menger）为代表的奥国学派等。新古典企业理论假设企业承担着集中、组织社会资源以生产社会所需产品的职能，企业根据生产函数和成本函数进行生产，也就是说，企业总是在既定投入和技术水平下实现产量极大化和单位成本极小化。企业的活动总是以追求效率为基础特征的，而社会资源也总是向效率高的企业流动。在社会资源配置中，企业总是追求以较少的投入获得所希望的尽可能多的产品。

在企业的存续时期，生产成本会随着企业规模的扩大而降低，新古典企业理论将这种现象称为规模经济。规模经济的取得是因为存在内部经济和外部经济。内部经济是指一个厂商在生产规模扩大时由自身内部原因所引起的产量增加；外部经济是指行业生产规模的扩大给个别厂商带来的产量与收益的增加。按照这一理论，企业横向并购获利的机制是：并购扩大了生产规模，生产了更多数量的产品，有更多的产品来分摊固定成本，使单位产品的成本降低。企业纵向并购获利的机制是：并购使原来属于不同企业的生产流程纳入到同一企业，减少采购和销售环节，最终减少产品总成本。

二、委托代理理论

委托代理理论将企业并购作为解决企业委托代理问题的出路，这种从企业权利结构和利益结构入手解释并购现象的方法有一定价值。该理论的代表人物是罗斯（Ross）等。詹森和麦克林（1976）认为，当委托代理理论应用于企业行为分析时，可以对企业的收购活动作出较为合理的解释（胡峰，2002）。该理论认为，当管理者（代理人）只拥有公司所有权股份的一小部分时，便会产生代理问题。代理问题的产生是由于企业管理层与企业所有者利益的不一致和信息的不对称，可能引发逆向选择或道德风险问题。通过并购这种外部机制，当目标企业存在代理问题时，并购或代理权的竞争可以有效地降低其代理成本，并购是解决代理问题的途径之一。按照这一理论，企业并购的获利机制是：并购谈判将使信息扩散，缓解信息不对称的程度，有利于推动代理者之间的竞争，通过选择代理成本较低的代理人实现代理成本下降的目的，从而增加企业所有者的收益。

三、新制度经济学的交易成本理论

新制度经济学的代表人物是科斯（R. H. Coase）、威廉姆森（O. E. Williamson）、格罗斯曼（Grossman Sanford）和哈特（Hart Oliver）。科斯

(1937)认为市场交易是有费用(成本)的,企业内部组织管理也是有费用的,企业与市场可以相互替代,因此市场交易费用与企业内部行政组织费用间的平衡关系决定了企业和市场的边界。威廉姆森(1975)认为市场的不确定性、潜在的交易对手数量、资产的专用性、人的有限理性和机会主义行为造成了市场交易的高成本,企业组织的分层管理可以降低这些交易成本。格罗斯曼和哈特(1986)认为现实经济中充满了不确定性,并且明晰所有权的成本过高,经济合约是不可能完备的,而不完备的合约决定了交易费用的存在。该理论认为,在不可能签订完备合约以限制由于资产专用性所造成的机会主义行为的情况下,市场不再是配置资源的有效方式,企业可以通过纵向并购形式,将市场交易内化为企业的内部交易行为以节约资源配置的费用。按照这一理论,纵向并购的获利机制是:并购将组织外部交易内化为内部交易,减少合约数量,从而减少交易成本,实现利益的增长。

四、市场势力理论

市场势力理论是由对跨国公司的跨国经营理论研究演变而来的,1960年,Hymer 在其博士论文中提出跨国经营的三要素:所有权或者称为“垄断优势”、消除冲突、内部化市场不完全。Kindleberger 和 Caves 进一步拓展了 Hymer 的垄断优势理论,认为跨国公司必须拥有优于东道国公司的优势,才能抵消跨国经营中的不利因素,并在跨国经营中获利(穆良平,1998)。这一理论主要是解释跨国并购的获利机制,通过并购降低进入东道国或新行业的障碍,利用目标企业的资产、销售渠道和人力资源等优势,实现企业低成本、低风险的扩张,而且可以减少竞争对手,从而增强对企业经营环境的控制,提高“垄断优势”和市场占有率,并保持长期获利的机会。

五、税负理论

如果一家公司盈利,另一家公司亏损,不存在并购时,前一公司则需要缴纳所得税；两家公司合并后，盈亏相抵，新公司的盈利将减少或消失，公司则可以减少缴纳或不用缴纳所得税。虽然这可能只是延迟缴纳税收，但由于现在持有的一笔货币收入优于同一数量的未来收入，公司依然可以从并购中获利。梅耶德和迈尔斯（1984）认为即使两家企业都有当前利润，并购同样可以减少未来的税收义务，因为在合并后现金流量的变动性降低。如果两家公司之间现金流量的相关性很小，这一效应就会较大。基于税收最小化的并购是否发生，取决于是否存在可获得相同税收好处的可替代的方法。

六、知识价值最大化理论

人类在不断创新知识的过程中推动了知识的不断更新，知识更新速度越快，现有知识的生命周期就越短。如何使知识在其有限的生命周期内得以充分利用，实现其价值的最大化？这成为每一个知识所有者都必须面对和认真考虑的主要问题。作为知识的承载主体，个人、群体和组织都在尽一切可能应用知识，目的就是在知识被更新之前获得其最大价值。人既是经济生活中的消费主体，又是社会生产中生产要素的提供主体。人作为消费主体，我们在理论上假定他（她）追求效用最大化；作为知识生产要素的提供主体，也必然会追求知识价值最大化。对于组织而言，知识价值最大化与传统的利润最大化假设从长远来看是统一的，但在短期内可能产生矛盾。此外，利润最大化的表现形式只有货币，而知识价值最大化可能有包括货币在内的多种表现形式，如组织形象、社会责任等。组织通过并购实现知识价值最大化主要通过以下策略：

（1）提高已经融入知识的产品的销量。掌握知识的组织通过并购利用另一组织的现有销售网络扩大企业的销量，推动产品平均成本下降。因为相对于知识的创新成本来说，知识的复制成本很低，在同一价格的前提下，销量越高，所得的收益也越高。

（2）将知识运用到另一产品上，使其价值得以提升。例如，将数码相机的数字摄影知识运用到手机或电脑上。作为生产要素的知识，其应用的范围在理论上可以说是不受限制的，“只有想不到，没有做不到”就是对知识应用“范围无限”的真实写照。IBM 公司在并购莲花公司后，将 Lutos Notes 软件知识运用到其生产的网络服务器中，最后实现了“对应销售 Notes 获得的每 1 美元，IBM 公司就能创造 4 美元的附加硬件和咨询服务收入”（Bruce，1997）。

（3）用知识衍生知识，原知识继续应用，新知识创造新的价值。例如，在数字摄影知识的基础上创新出“人脸”识别知识，并将这些知识运用到安防产品上。原有的数字摄影知识还可以继续实现其价值，而创新的“人脸”识别知识则可以创造新的价值。主并组织不但能得到原知识应用创造的价值，更能从其衍生的新知识中得到更多的价值，这又使知识价值最大化进入了一个新的阶段。

知识价值最大化不但可以成为评判知识并购成功与否的主要标准，还可以成为非盈利组织绩效评价的主要标准。因为知识价值最大化所指的价值不仅仅是经济价值，还有社会价值、政治价值和文化价值等，这样就能涵盖所有组织的绩效评价，使盈利组织和非盈利组织的绩效评价有一个共同的标准。目前，国内外对知识资产计量的模型研究已在不断完善和成熟，在此基础上，组织通过知识资产的核对、清理等过程建立知识资产表，根据知识资产表管理和评价组织的绩效，将知识应用的对象、方向和数量等量化并建立评价体系，这是完全可以做到的。知识价值最大化理论为非盈利组织绩效评价的实现提供了一条新的思路。

第三章　知识并购决策的前提条件

本章主要分析组织选择知识并购战略的前提条件。组织主动性获取知识的方式有三种：专利许可、基于知识的联盟（以下简称“知识联盟”）和基于知识的并购（以下简称“知识并购”）。信任关系和知识距离是影响知识获取方式选择的主要因素。组织之间信任关系越强，组织的知识获取方式越有可能向知识联盟进而向知识并购方向选择；知识距离越远，组织的知识获取方式越有可能向知识联盟进而向知识并购方向选择。

第一节　引言

知识经济时代，或称后资本主义经济时代，财富不是流向金融资本的控制者，而是流向能够获取并利用知识资本的智者。能够获取并开发独特知识能力的企业将吸引更多的具有专家水平的雇员和其他能够创新知识的资产，进而展现出“利润不断增长”（Increasing Returns）的发展趋势（Arthur，1996）。知识已经成为现代经济中竞争的通用工具，因此，一家企业必须通过各种途径寻找并获取知识（Anita and Peter，2004）。企业的独特知识可以通过内外知识资源的整合，也可以通过企业内部的研究与开发形成（Leonard-Barton，1995）。企业从外部获取知识有多种渠道（如员工流动、员工学习等），其中企业整体参与的途径有专利许可、知识联盟和知识并购。这三种知识获取途径都有相当多的文献对其进行研究，其中，研究知识联盟的文献又是最多的，但是对这三种知识获取途径作比较研究的文献却很少见。Gils 和 Zwart 从社会福利的角度分析了在古诺模型（Cournot）和伯川德模型（Bertrand）两种竞争模型的情形下，专利许可与知识并购的最优选择（Gils and Zwart，2003）。本书试图对专利许可、知识联盟和知识并购这三种组织获取知识的途径作最优选择的分析。

第二节 影响知识获取的主要因素

Soekijad 和 Andriessen 认为，一个组织从其他组织获取知识的实际效果要受到组织本身、组织之间的关系和知识本身的特性三方面因素的影响。组织本身对知识获取产生影响的因素有：①组织学习和合作的意图；②组织内部沟通交流的机制；③组织管理的透明度；④组织分享知识和学习知识的能力；⑤组织接近目标知识的能力。组织之间的关系对知识获取产生影响的因素有：①组织之间关系的紧密程度以及组织间的信任程度；②组织间的知识分享活动以及与客户的接近程度；③组织之间此前的合作历史；④组织之间形成的有利于分享知识的合作氛围。知识本身的特性对知识获取产生影响的因素包括：①知识的隐性程度；②知识的编码程度；③可以传授的知识（Teachable Knowledge）的数量。但是知识获取的直接承担者是组织的知识员工以及由这些员工组成的知识分享群体，因此，以上三个方面的影响因素要通过对知识员工及其群体的影响最终才能影响到知识获取的效果（Soekijad and Andriessen，2003）。

事实上，组织之间的所有知识的获取都是在各组织内的少部分知识员工的参与下完成的，这部分员工获取知识后再将知识在适当时间、适当地点并以适当的成本扩散到组织内部的其他员工中。因此，有相当多的文献从社会关系的视角下对知识获取进行研究，周密等（2007）将这些研究成果分为两类，一类是在二元关系层次上，分析个体之间的联系强度和信任关系对知识获取的影响；另一类是在社会网络层次上，分析社会网络的结构特征，如网络密度、结构洞、网络结构变动、网络位置等对知识获取的影响。

以上研究成果提示我们，影响组织知识获取的因素有很多，但是考虑的因素太多并不利于组织的决策。基于这些因素之间互相联系并存在一定替代性的关系，我们结合文献（陈搏，2007）的研究成果，用信任关系和知识距离两个因素综合代表影响知识获取的众多因素。

一、信任关系

组织之间成功合作的结合力不是对复杂和动态关系进行面面俱到的约定的合约，而是组织间的信任关系（Fountain，1998）。从组织知识获取的角度分析，信任关系分三个层次，即个体层次、群体层次和组织层次。首先，组织之间的信任关系将减少组织的知识保护动机，如果参与知识分享或交易的组织都减少对自己所有知识的保护，那么需要获取知识的组织就更容易接近目标知识，提高组织分享知识和学习知识的能力；相反，如果每个组织都设法防止知识流失，阻止其他组织在交易或联盟中获取知识，那么很容易会减少自己获取知识的机会，最终导致交易或联盟失败。其次，组织之间的信任关系有利于减少交易或联盟各方的机会主义行为。交易双方的机会主义行为将导致组织本身的知识被对方获取，同时组织却无法获取对方的知识，信任关系越好，这种局面就越少出现。再次，信任关系需要经过一段时间的合作才能形成。组织之间的信任关系越好，证明组织之间的合作历史较长；组织之间的紧密程度越高，组织也越能支持员工跨组织联系；员工之间的联系强度越高，组织之间合作分享知识的氛围也会越好。最后，组织之间的信任关系在发挥以上功能的同时将减少知识交易（获取）成本，这主要是通过减少知识保护成本支出、减少接近目标知识的成本和减少员工跨组织联系的审批流程成本等。

但是，信任是基于个人的，而不是基于组织。组织之间的信任是建立在个人或群体之间信任的基础上的，但组织之间的信任并不是个人或群体之间信任的简单加总。组织之间的信任关系一般是有条件的信任（Conditional Trust），是一种建立在利益互补基础上的信任；而个人之间的信任关系既存在有条件的信任，也存在无条件的信任（Unconditional Trust）。无条件的信任一方面有利于隐性知识的获取，另一方面也可能导致组织核心知识的流失。无条件的信任是个人之间信任发展的高级阶段。员工在组织的安排下与其他组织的员工建立联系，参与群体活动，由此发展跨组织的员工之间的信任关系，随着员工之间信任关系的发展，组织之间的信任关系也沿着弱形式信任（Weak Form Trust）、准强形式信任（Semi-strong Form Trust）和强形式信任（Strong Form Trust）的轨道发展（Carayannis et al，2000）。专利许可、知识联盟和知识并购这三种组织知识获取方式对信任关系强弱的要求是递增的。因为在专利许可中，交易的知识范围较窄并且是显性化程度较高的知识，通过合约的完善基本上能够规避机会主义风险，因而在弱形式信任条件下也可以获取知识；在知识联盟中，交易的知识范围较宽，并且要涉及隐性知识的大量交易，知识获取需要个人信任在员工的大量交往中发展才能成功，因而在准强形式信任条件下才能获取知识；在知识并购中，交易知识范围囊括了对方的所有知识，交易的价值主要体现在对方的核心隐性知识的价值上，交易的风险相对较大，因此必须在强形式信任的条件下才能成功获取知识。

命题 2a：

组织之间信任关系越强，组织的知识获取方式越有可能向知识联盟进而向知识并购方向选择。

二、知识距离

根据笔者（2007）的定义，知识距离是知识转移到买方的距离，由知识的编码程度、知识的抽象程度和买方的知识基础共同决定，已编码的、抽象的知识和买方的知识基础好，则知识距离小；反之，未编码的、具体的知识和买方的知识基础差，则知识距离大。知识距离的信息化定义是：新知识的某一信息状态转移到与买方的基础知识实现共同信息最多的新知识信息表达状态的距离（陈搏，2007）。知识距离基本上概括了知识本身的主要特性，可以作为知识质量的一个测度指标。知识的编码程度可表示知识的显性化程度（Explicitness）和可传授程度（Teachability），当知识的内容通过通用的标准形式编码后，显性化程度就越高，也越容易传授给知识获取方。知识的抽象程度可表示为知识的先进程度（Newness）、知识的复杂程度（Complexity）和知识在组织或部门结构中的嵌入程度（Embeddedness）。越先进的知识，往往与具体的生产活动相联系，因此也就越具体，人们要对其有进一步认识和概括才能更抽象地表现在大多数人面前。知识的抽象程度越低，也就越具体，知识就越有可能与一些实体因素结合在一起，因而其复杂程度越高。知识越抽象，知识与组织或部门结构的关系就越松懈，知识的嵌入程度就越低；反之，知识越具体，知识的嵌入程度就越高。知识获取方（买方）的知识基础可表示为获取方的知识吸收能力（Knowledge Absorptive Capacity）和知识的兼容性（Compatibility）。知识获取方掌握的与目标知识相关的知识越多，原知识与新知识的共同信息就越多，获取新知识需要增加的信息量就越少，获取方吸收知识的能力就会越强，同时，新旧知识的共同信息越多说明新知识的兼容性越好。另外，知识距离还可以在一定程度上表示知识的转移成本，知识距离越远，知识转移成本往往也越高。可见，知识距离综合代表了以上知识的特性。

根据 Contractor 和 Ra 的研究，知识的特性与获取方式有以下关系（见表 3-1）：①知识的显性化程度越高，组织知识获取方式向左边选择的可能性越高；②知识越先进，组织知识获取方式向右边选择的可能性越大；③知识的复杂性程度越高，组织知识获取方式向右边选择的可能性越大；④知识的可传授程度越高，组织知识获取方式向左边选择的可能性越大；⑤知识获取方的知识吸收能力越强，组织知识获取方式向左边选择的可能性越大；⑥知识的嵌入程度越深，组织知识获取方式向右边选择的可能性越大。详细的分析见文献（Contractor and Ra，2002）。

表 3－1 知识的特性与知识获取方式的关系

一次性专利许可合约	知识联盟				知识并购
	不连续的重复合约	交叉专利许可合约	供应链战略伙伴	基于实物资产的联盟	
显性的	显性化程度				隐性的
过时的	先进性程度				先进的
低	复杂性程度				高
高	可传授程度				低
高	获取方的知识吸收能力				低
低	知识在组织或部门结构中的嵌入程度				高

（资料来源：Farok J. Contractor，Wonchan Ra. How Knowledge Attributes Influence Alliance Governance Choices：A Theory Development Note. *Journal of International Management*. 2002，8：p. 18. 作者根据需要略有改动）

命题 2b：

知识距离越远，组织的知识获取方式就越有可能向知识联盟进而向知识并购方向选择。

三、基于信任关系和知识距离的知识获取方式的综合选择

基于以上分析，考虑用信任关系和知识距离来综合表示影响知识获取方式选择的因素，我们用表 3－2 来说明组织知识获取方式的综合选择。信任关系越强，组织知识获取方式向右选择的可能性越大；知识距离越大，组织知识获取方式向右选择的可能性越大。但我们要强调两点：

（1）组织之间的信任关系在发生知识并购后演变为组织内部的层级管理关系，知识获取也演变为组织内部的知识分享问题，知识分享的效果取决于组织内部知识管理的效率。但是，不管组织间信任关系如何发展，最多也只能逼近完全信任的阶段。

（2）这里分析的知识距离较远的含义并不是指遥不可及，在知识交易中，知识距离有一个适当的限度，距离太远的知识是不可能成交的，因为知识距离太远，知识获取方就不会对此知识有购买的欲望。

表 3－2　组织知识获取方式的综合选择

专利许可	知识联盟	知识并购
组织之间的信任关系		
弱	中	强
知识距离		
小	中	大

第三节　模型分析

一、模型的构建

考虑两个组织，一个组织需要获取知识（以下简称为“买方 B”），一个组织提供知识（以下简称为“卖方 S”），买方需要选择合适的知识获取方式，可以选择的方式有专利许可、知识联盟和知识并购（知识联盟方式中知识是双向流动的，为方便分析，我们还是把两个组织区分为一个买方和一个卖方，与专利许可和知识并购的区别主要是支付方式不同而已，知识联盟的知识交易中有一部分属于知识互换，用知识支付知识）。假设两个组织都是风险中性的，并且都追求利益最大化。

（1）组织之间的信任关系为 T，$T \in [0, 1]$，0 表示组织之间完全不信任，1 表示组织之间完全信任。

（2）买方与知识之间的距离为 D，

$$D = \log_2 (1/P_{ji}) \quad ①$$

①式中：P_{ji}是从一种信息状态 x_j（$j=1, \cdots, N$），转移到另一种信息状态 x_i（$i=1, \cdots, N$）的转移概率，$P_{ji}\in(0, 1)$。

（3）卖方 S 创新知识的成本为 C_s 并且与知识价值（效用）V_k 线性相关，即 $V_k=\frac{1}{\gamma}C_s$，其中，γ 为知识的成本价值比，$\gamma\in(0, 1)$，$\gamma=\frac{C_s}{V_k}$；卖方将知识转移给买方要耗费转移成本 C_d 并与 2 的（知识距离）D 次方即 2^D 线性相关，$C_d=\lambda t_s 2^D$，其中，λ 为社会平均小时工资，t_s 为卖方转出知识的时间，单位为小时。

（4）买方 B 获取的知识价值（效用）为 V_k，从卖方获取知识需要耗费学习成本 C_l 并且与 2 的（知识距离）D 次方即 2^D 线性相关，$C_l=\lambda t_b 2^D$，其中，λ 为社会平均小时工资，t_b 为买方转入知识的时间，单位为小时。

（5）买方为获取知识向卖方支付 A，根据文献（陈搏，2007），A 由以下公式计算：

$$A=f(T, D)=\frac{T}{2^D}\times V_k+\lambda\times t_s\times 2^D \quad ②$$

（6）知识买卖双方的收益函数分别为：

$$\pi^s(d)=A-C_s-C_d \quad ③$$

$$\pi^b(d)=V_k-C_l-A \quad ④$$

二、讨论

现在我们将 $C_s=\gamma V_k$，$C_d=\lambda t_s 2^D$，$C_l=\lambda t_b 2^D$ 和①②式都代入③和④式并整理可得⑤和⑥式：

$$\pi^s(d)=(Tp_{ji}-\gamma)V_k \quad ⑤$$

$$\pi^b(d)=(1-Tp_{ji})V_k-(t_s+t_b)\frac{\lambda}{p_{ji}} \quad ⑥$$

（1）由⑤式可知，知识提供方的最大收益是接近知识价值 V_k，其愿意提供知识的必要条件是：$Tp_{ji}-\gamma>0$。

命题 3a：

当知识的成本价值比 $\gamma\to 0$ 时，知识的创新成本很少，知识卖方不管买方是谁都愿意出售知识，那些所谓出售金点子（创意）的卖方就是这一类知识提供方；而当 γ 较大，同时 D 也较大（或 p_{ji} 较小）时，只有组织之间的信任关系 T 较强才有可能成交，所以隐性知识所占比重较高的知识，知识获取方将选择知识联盟，但更可能是知识并购的获取方式。

（2）对⑥式分别求 p_{ji} 一阶偏导数和二阶偏导数可得：

$$\frac{\partial\pi^{b}(d)}{\partial p_{ji}}=-TV_{k}+\frac{(t_{s}+t_{b})\lambda}{p_{ji}^{2}} \qquad ⑦$$

$$\frac{\partial\pi^{b}(d)}{\partial p_{ji}^{2}}=-\frac{2(t_{s}+t_{b})\lambda}{p_{ji}^{3}}<0 \qquad ⑧$$

由⑦和⑧式可知，当 $p_{ji}=\sqrt{\frac{(t_{s}+t_{b})\lambda}{TV_{k}}}$ 或者 $D=\log_{2}\sqrt{\frac{TV_{k}}{(t_{s}+t_{b})\lambda}}$ 时，知识的获取方有极大收益：

$$\pi^{b}(d)=V_{k}-2\sqrt{TV_{k}(t_{s}+t_{b})\lambda} \qquad ⑨$$

命题 3b：

组织之间的信任关系越好，即 T 越大，买方在获取距离较大的知识时收益能达到极大值，因此知识获取方更愿意获取卖方的距离较大的隐性知识，组织之间联盟甚至并购的可能性较大。

三、两个知识并购实例的比较分析

实例一

2001 年 10 月，中国华立集团通过收购飞利浦公司 CDMA 无线通信部门，获得该公司 CDMA 的技术知识——芯片软件设计及整体参考设计相关业务（吴添祖和陈利华，2006）。华立集团一举拥有了 600 项核心技术专利，包括飞利浦公司 CDMA 无线通信部门几乎所有的知识产权、研究和开发设备、研究资料和研究人员，以及飞利浦半导体开发的 CDMA 协议软件的独家授权。飞利浦公司研发部门主体位于美国，总共拥有 100 多名工程技术人员。华立的这次知识并购只支付了 100 万美元。飞利浦公司与主业为电能表的华立集团从来没有就 CDMA 方面的技术进行过合作，两者的信任关系较弱（从与高通公司有关的关键技术没有转让就可佐证这一点），而且，作为从未涉足通信技术的华立集团与 CDMA 技术知识的距离较远，华立集团已有的知识与 CDMA 技术知识的结合力较差，根据命题 3a，华立集团不应该采取知识并购的知识获取方式，华立陷入 CDMA 困境的事实证实了这一命题。

实例二

2006 年 5 月 16 日，德国通信巨头西门子公司宣布并购上海的光桥科技公司，该公司将成为西门子全球光网络研发的重要基地。据知情人士披露，这次并购金额接近 1 亿美元。

光桥科技公司成立于 2000 年，是一家致力于自主研发和生产下一代光网络传输产品和多业务宽带数据产品的公司。该公司凭借着先发技术优势和累积的研发力量，目前已经发展成为业界领先的下一代光网络产品研发与生产公司，开发传输距离远至 200 千米的光传输系统，掌握了具有完全自主知识产权的光通信核心技术。

西门子公司与光桥科技公司在知识并购前就进行了战略合作，建立了较强的信任关系。光桥科技从 2004 年开始与西门子建立战略伙伴关系，与西门子在 SDH/STP 等产品线市场定位上共同研究，承担了西门子所有主要 SDH/STP 产品线的设计研发和生产工作。而且，光桥科技公司的光通信核心技术掌握在少数几个关键员工的头脑中，显性化程度低，知识距离较远。根据命题 3b，知识获取方采取知识并购获益能够达到极大值，西门子公司并购成功证实了这一命题。

第四节　本章小结

组织主动获取知识的主要方式有三种：专利许可、知识联盟和知识并购，三种交易方式在知识数量和隐性程度上形成依次递进的选择路径。信任关系和知识距离是影响组织知识获取方式的主要综合因素，模型的分析也给出了相同的命题。本章的结论显示，要获取核心隐性知识，必须通过知识并购，中国企业应通过在国外的知识并购获取核心隐性知识，进而获得在国际市场上竞争的主动权。本章是在一种静态分析条件下得出的结论，尽管对组织知识获取方式的选择有理论参考意义，但是，现实是一种动态发展的关系，因此还需要建立动态均衡的分析模型来研究，限于现有的时间和篇幅，以后再对此展开研究。

第四章 知识并购的动因分析

本章分析组织实施知识并购战略的动因。在复杂多变的竞争环境中，动态能力是组织生存和发展的基础。动态能力本身的形成和发展需要组织核心知识的进化，知识并购能为核心知识进化引入新的知识基因，创造知识异质性更强的生态系统，进而提高核心知识进化的质量和速度。知识进化有其内在的动力机制。知识并购的动因就是通过知识进化提升动态能力。

第一节 引论

知识型企业是指那些认识到知识资产是长期竞争优势唯一来源的公司（Amrit, 2004），前已述及，知识并购是指知识型企业之间基于知识的兼并与收购。自 20 世纪 90 年代到现在，知识并购的案例就一直呈现不断上升的趋势，1994 年约翰·钱伯斯担任总裁起至 1999 年底，思科公司共兼并了 51 家公司。2006 年，仅摩托罗拉（Motorola）公司就出于知识获取的目的而收购了 12 家公司。众所周知，并购是有较大财务风险的，但为何这些企业仍如此热衷于并购呢？也就是说，并购的强大动因是什么？原有的并购动因理论，如实现管理协同、追求市场控制力、取得规模经济效益、降低成本、提高竞争力、分散风险、应对市场失效和增加管理特权等，都无法有效解释知识并购的动因（王磊和胡荣昌，2006）。杨荣（2005）、赵玉林和张倩男（2006）、王磊和胡荣昌（2006）以及袁智德（2000）等都从知识互补的角度分析了知识并购的动因，但是知识资产不是简单的相加即可，拾遗补缺还不够，关键是两者结合进化并创造新的知识。Geoffrey A. Moore（2007）以思科公司并购实践为例进行分析后认为知识并购的动因是为了获得差异化能力，这个差异化能力就是以新创造的知识为基础的。知识并购在短期内很难有明显的经济效益，因此静态的资源观和能力观也很难用来分析知识并购的动因。我们需要从公司动态能力发展的角度来分析其内在的动因。分析知识并购的动因将为知识并购的目标选择、并购后的整合研究奠定基础，也将进一步完善企业并购理论，为企业的并购实践提供理论支持。

第二节　以隐性知识为基础的动态能力

Teece 等（1997）提出了公司动态能力的概念，意思是能促使公司不断创新的能力。动态能力是公司为应对外部环境变化作出快速反应而整合和建立以及重构内、外部公司能力的一种能力。组织的动态能力反映了其在给定竞争环境中成功创新的能力，为实现新竞争优势而创造动态能力需要改变其核心能力的知识（Jose et al）。Verona 和 Ravasi（2003）认为，知识的创造和吸收能力、知识的整合能力以及知识重新配置的能力是动态能力的内在基础。芮明杰等（2008）论证了公司核心动态能力的本质就是隐性知识。企业动态能力的基础就是其核心隐性知识，因此，动态能力的进化需要核心隐性知识的进化。在知识经济时代，组织学习和利用知识资源的程度决定了其动态能力能否维持和发展（Grant，1996；Kogut and Zander，1992）。Teece 等（1997）、Zollo 和 Winter（2002）都将动态能力的特征确定为从具有路径依赖性的过程中形成的复杂规程。组织动态能力的基础实质上是组织内的背景取向型的核心隐性知识。

第三节　组织知识进化的内涵和过程

知识进化借鉴达尔文生物进化论原理，是指为解决组织内外环境变化给组织带来的新问题，对组织知识基因（包括显性知识和隐性知识）进行持续审视与评估，引入新的知识基因，激活活性不足或失去活性的知识并衍生出新的知识，以确保对新问题求解的有效性（张建华，2007）。但是，知识进化的水平超越了生物进化的水平（刘纯青等，2007）。

组织知识进化可以描绘成通过一系列递进循环阶段不间断进行的过程（Holmqvist，2003；Hung，2002；Zollo and Winter，2002）。在 Zollo 和 Winter（2002）的知识进化循环模型中，组织知识进化循环由六个阶段组成。组织知识有核心知识与外围知识之分，核心知识是支撑组织核心竞争优势的知识，如核心专利、核心 Know－How 等（Geoffrey A. Moore，2007）。组织的核心知识将随着环境的变化而逐渐丧失活力，因而需要进化为新的核心知识。核心知识进化的具体过程与 Zollo 和 Winter 的知识进化循环模型所描述的是一致的。包括以下六个阶段：第一阶段，环境变化使原核心知识失去活力；第二阶段，组织吸收内、外部知识引发知识变异并创新知识；第三阶段，组织评价并选择新的核心知识；第四阶段，将新核心知识储存和嵌入组织规程；第五阶段，在组织内部分享和转移核心知识；第六阶段，运用新核心知识形成新的竞争优势。这一阶段结束后，又将进入下一个进化循环，核心知识进化是螺旋上升的过程。这一进化过程如图 4－1 所示。

同样是进化，但核心知识进化与一般知识进化除在上述进化过程上有所区别之外，在进化方式上也有区别：组织中的一般知识进化以知识基因分离重组为主，以知识基因突变为辅；而组织中的核心知识进化则以知识细胞杂交为主，需要来自不同进化源的知识支持核心知识的进化。在核心知识进化的过程中，第二阶段引发知识变异并创新知识是关键，其中新的知识基因从何而来又是关键中的关键。对于一个组织而言，新的知识基因有三个来源：一是组织员工通过各种途径的学习（脱产培训、在岗培训和自学等）获得；二是通过知识联盟向联盟伙伴学习获得；三是通过知识并购从并购目标的知识体系中获得。上一章对这三种来源作过比较分析，此处不再赘言。

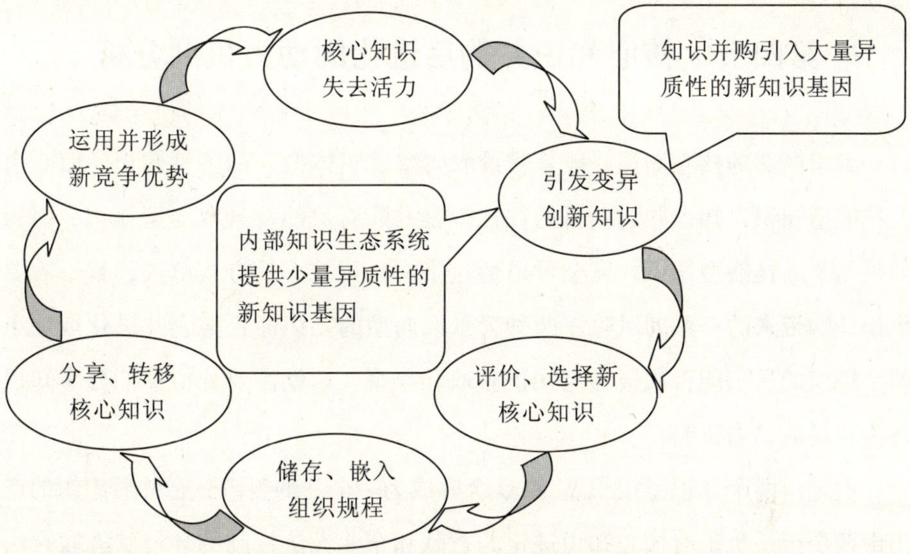

图 4-1　核心知识进化的过程

Fang 和 Wu（2006）认为，动态能力形成过程可以根据组织知识共同进化的机制更准确地加以描述。但这一机制建立的前提是组织能够比较容易地获得进化伙伴的知识，而事实上，一般的合作伙伴关系很难做到这一点，特别是伙伴的隐性知识难以获得，而并购是一个最好的选择，因为隐性知识的载体是人而不是物。例如，比尔·盖茨强调微软试图并购雅虎的目标是得到雅虎公司几千名具备网络资源开发知识的工程师。因此，公司动态能力的发展是基于以人为载体的隐性知识进化的过程，如图 4-2 所示。

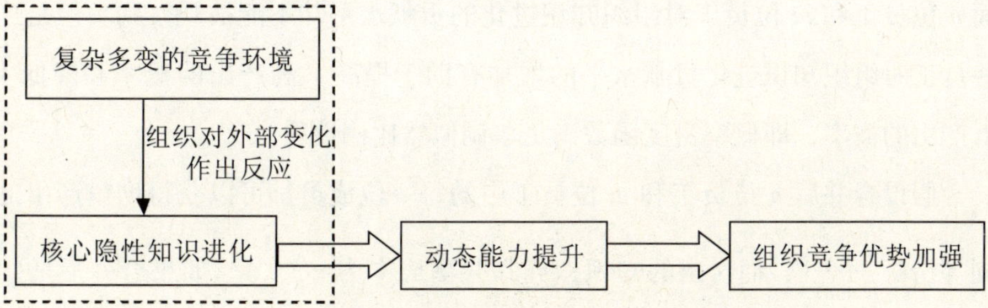

图 4-2　核心知识进化推动动态能力提升的模型

第四节　核心知识并购后进化的动力机制分析

组织内部的核心知识一般是背景取向型（集体型）的隐性知识，而非个人技能型知识，知识并购的目的往往也是并购对象的背景取向型知识，因为如果是个人技能型知识，完全可以通过猎头公司挖人的方式解决，且不需要承担并购带来的一系列风险。两种背景取向型的知识能否融合并进化取决于两个组织的员工能否积极参与知识获取和分享。这就需要分析他们分享知识行为背后的动力机制。

假定由两个知识型组织 W 和 Q 合并成为一个新的组织，合并后组织的产出由两个组织员工对核心知识进化的贡献和企业无法控制的环境状态联合决定。W 组织的背景取向型核心隐性知识由 n 位员工掌握，n 位员工的收益高于组织的平均水平，但他们之间的收益差距很小；Q 组织的背景取向型核心隐性知识由 m 位员工掌握，m 位员工的收益高于组织的平均水平，但他们之间的收益差距很小；n 和 m 位员工的收益在合并后由合并后组织的实际产出决定，并且平均分配超出合并前产出水平的增量产出，两个组织的其他员工在合并前后的收益变化不大。令 V 代表组织合并后的增量产出，F（V：e_w，e_q）代表 V 的随机分布函数，该产出由 n 位员工和 m 位员工对组织知识进化的贡献向量 e_w 和 e_q 决定。我们再假设合并后组织的产出是事后可以观察的，而 n 位员工和 m 位员工对组织知识进化的贡献水平却不能被观察到。但是这些员工对组织知识进化贡献水平的增加有助于提高 V 高产出的概率和降低 V 低产出的概率，即概率密度函数满足单调似然比例性质。

假设合并后 n 位员工和 m 位员工中的每一位成员都可以获得增量产出的同等份额$\frac{1}{n+m}V$，而付出的知识搜寻和共享成本为 c（e_i）。如果合并后的组织产出低于某个临界水平，如 a，每一个成员将要遭受外部的惩罚（如投资者减资或要求降薪），支付罚金 J。这样，每一位成员选择最优的 e_i（对知识进化的贡献水平）的问题就转化为以下问题：

$$\max\left\{\frac{1}{n+m}E\left[V\left(e_w,\ e_q\right)\right]-F\left(a:\ e_w,\ e_q\right)J-c\left(e_i\right)\right\} \qquad ①$$

其中：$E\left[V\left(e_w,\ e_q\right)\right]$ 代表合并后组织增量产出的期望值；$F\left(a:\ e_w,\ e_q\right)$ 代表达到惩罚条件 a 的随机分布函数；求解上述最大化问题得出如下纳什均衡条件：

$$\frac{1}{n+m}\frac{\partial E\left[V\left(e_w,\ e_q\right)\right]}{\theta e_w}-F_{e_w}\left(a:\ e_w,\ e_q\right)J=c'\left(e_w\right) \qquad ②$$

$$\frac{1}{n+m}\frac{\partial E\left[V\left(e_w,\ e_q\right)\right]}{\theta e_q}-F_{e_q}\left(a:\ e_w,\ e_q\right)J=c'\left(e_q\right) \qquad ③$$

其中，对于足够低 a，$F_i\left(a:\ e_w,\ e_q\right)=\frac{\partial F\left(a:\ e_w,\ e_q\right)}{\partial e_i}<0\ (i=w,\ q)$。也就是说，额外的知识投入将降低总产出低于临界值 a 的概率。

从②和③式可以看出：

（1）每一位成员增加知识分享的边际收益由两部分构成：边际增量产出的 $\frac{1}{n+m}$，加上预期惩罚的边际降低（由并购后组织的产出低于临界水平的概率降低表示）。因此，为了谋求知识进化的边际私人收益等于边际成本，每位员工都有增加知识共享投入的激励。

（2）为增强激励效果，掌握背景取向型核心隐性知识的组织成员不宜太多，即 n 和 m 的值要较小。这一结论与思科等公司选择以小公司作为知识并购对象的实践是相符的。

（3）组织要在并购后加强知识管理系统的人性化建设，降低员工搜索知识的成本，并提供尽可能多的知识交流机会，创造更多的被 Nonaka（野中郁次郎）称为“Ba”的空间。

（4）知识并购的重点激励对象是掌握背景取向型（网络）核心隐性知识的组织成员。在股权激励时，给这些成员分配的股权要远高于一般员工，同时，这些成员之间的股权数量应该差异不大。

第五节 选择知识并购以进化核心知识的优势分析

Jose 等（2005）分析了组织基于其转化能力和吸收能力在组织内部查找、选择新的知识基因并推动核心知识进化的过程，并认为通过购买拥有期望知识的目标公司以使核心知识进化的选择有不足之处，如并购可能产生财务问题，而且并购涉及不期望的资源或知识的获取；整合不同商业文化存在困难；整合两个公司需要巨大的投资。Fang 和 Wu（2006）认为，在动态的环境中，当技术变化引致需求的新知识与组织规程支持的现有知识之间存在差距（核心知识需要进化）时，公司或组织要及时发现这一差距并形成知识创新战略以消除这一差距。公司将增加研发活动上的投资，招聘新的员工，创造新技术知识以适应组织知识和系统进化的要求，通过员工学习和组织间的学习，组织将转化创新知识到其规程中，从而使之成为竞争优势的资源基础。

现有的文献研究和企业的实践都说明企业的首选是通过内部知识活动实现知识进化。但正如 Jose 等（2005）所分析的结论，知识并购进化有不足之处。Fang 和 Wu（2006）认为，只有当内部进化不能消除知识差距时，知识并购才是知识进化的最后选择。尽管如此，通过知识并购进化核心知识的企业并购实践也证明了知识并购的优势，例如，美国的思科公司就是一家通过知识并购进化核心知识的典型案例。因为通过知识并购进化核心知识具有三大优势。

一、降低创新风险

核心知识进化本身是一个创新过程，但在实现这一创新过程之前，要先引入新的知识基因。这个知识基因的新旧是相对需要进行核心知识进化的组织而言的，相对其他组织而言，却不一定是新知识基因。如果不能通过并购、联盟等形式获得新的知识基因，那么组织就只能通过自身的研发创新来获得，这时，核心知识的进化就成为知识基因创新的延续创新，或称二次创新。新知识基因的创新成为核心知识进化创新的前提。前一次创新不能实现，后一次创新就不可能有结果。我们假设新知识基因创新的风险为 δ_1，核心知识进化的风险为 δ_2，那么，整个进化过程的风险就是 $\delta_1 \times \delta_2$，而通过知识并购直接购买新的知识基因，第一阶段的创新风险自然就不存在了，核心知识进化的风险就只有 δ_2 了。例如，2007 年 7 月 25 日，诺基亚公司为使其无线下载技术知识得以进化，并购了美国多媒体公司 Twango，这是一家提供组织、共享、发布照片、视频、音频内容等媒体的平台公司，这样就规避了该部分知识创新的风险并使其手机服务的核心竞争优势得以强化。

二、加快知识网络的进化速度

从 Hayek（1945）的研究成果引申，创新是以网络为基础的现象：新知识是通过组织网络中各成员之间知识的交换而创新的。知识并不存在于单个的主体或组织之中，而是以网络为基础的（Romano and Rullani，1998）。近来，有第三种路线研究支持以社区为基础的组织结构作为培育新知识和创新的替代选择（Wenger，1999；Sawhney and Prandelli，2001）。从这个角度来看，核心知识进化需要知识网络的进化，组织知识网络中交换知识数量和质量越多，核心知识进化的速度也将越快。当两个知识差异程度较大的组织通过并购合并为一个组织的时候，知识网络中的知识数量和质量在较短的时间内可能成倍增加，即知识网络快速进化，这也将推动核心知识进化的进程，并进一步降低核心知识进化的风险。例如，2007 年 10 月 1 日，诺基亚公司为使其手机导航技术知识得以进化，耗资 81 亿美元收购了美国数字地图供应商 Navteg。这一收购使其以移动电子技术知识为主的知识网络进化到移动电子技术加地图数字化技术的知识网络，进而使其手机服务的核心竞争优势进一步得到强化。

三、避免知识内部进化的刚性风险

巴顿（Barton，2000）认为，公司的核心能力的构成要素在一定条件下可演变成为核心刚度。当面对着一个不断变化的商业环境的时候，或当系统本身发展成为无需思维的惯例的时候，经理们会发现自己正在与公司昔日成功辉煌的基础进行抗争。在这些构成要素中，有一个或多个是具有病理性的，并且它们正在阻碍着知识的流动。知识的进化过程中需要放弃现有的部分知识与技能，而原来拥有这部分知识与技能的员工的权力将被削弱，因此，这部分员工将成为知识进化的绊脚石。另外，知识进化需要改变组织现有的规程，这些规程是员工习以为常、在头脑里根深蒂固的程序，若没有大的变革则很难改变，并且在一般情况下，外部偶尔进入的知识也容易被现有的规程过滤掉。这些刚性因素的存在使得知识内部进化的风险被放大。这就类似于生物进化过程中由于近亲繁殖而导致的生物功能退化的结果。而知识并购整合的过程中必定要重构组织结构、变革组织规程并强制性引入外部知识，这将在很大程度上减少知识内部进化的刚性风险。例如，中国的博士后制度规定，高校一般不能招聘本校毕业的博士作博士后，这正是避免知识内部进化刚性风险的措施。

第六节　本章小结

组织核心隐性知识是维持组织竞争优势的资源基础，只有核心隐性知识不断进化，动态能力得以提升，组织才能保持其竞争优势。知识并购后，核心隐性知识的进化也有其内在的经济激励机制。通过知识并购进化核心隐性知识具有明显的优势。企业为了保持知识领先和垄断优势，知识并购成为必然选择（王习农和刘彦平，2004）。通过知识并购推动核心隐性知识进化使组织的竞争优势得以保持，因此，知识并购的动因就是知识进化。但是知识并购还是存在一定风险，需要加以控制（张海涛和唐元虎，2005）。

案例分析

阿里巴巴并购雅虎中国

2005年8月11日，阿里巴巴与雅虎签署合作协议，阿里巴巴收购雅虎中国全部资产，其中包括雅虎中国门户网站、搜索门户“一搜”、在线拍卖业务、3721网络实名服务、媒介与广告销售、无线业务与移动应用、雅虎电子邮箱与即时通信工具“雅虎通”；同时，阿里巴巴还将获得雅虎领先全球的互联网品牌在中国的独家使用权及雅虎中国10亿美元的投资。届时，雅虎将拥有阿里巴巴40%的股份和35%的投票权，并购后的雅虎中国将全部交由阿里巴巴经营和管理。2005年10月，雅虎中国由阿里巴巴集团全资收购。

主并公司

1999年，马云带领下的18位创始人在杭州的公寓中正式成立了阿里巴巴集团，目前，阿里巴巴已经成为全球首家拥有超过800万网商的电子商务网站，遍布240个国家和地区，每天向全球各地企业及商家提供810万条商业供求信息，成为全球商人网络推广的首选网站。阿里巴巴集团是全球电子商务的领导者，是中国最大的电子商务公司，旗下四家子公司正茁壮成长：①阿里巴巴B2B公司——阿里巴巴集团的旗舰公司，是世界领先的B2B电子商务公司，2007年11月6日于香港上市；②淘宝——中国最大的个人网络购物市场；③支付宝——中国领先的在线支付服务；④中国雅虎——国内领先的搜索引擎和社区。2009年8月，基于W.B.S核心技术知识的新战略——大淘宝战略提出，到2010年3月，阿里巴巴集团宣布成立大淘宝战略执行委员会，其成员来自淘宝、支付宝、阿里云计算和雅虎中国的高管，以确保大淘宝战略的成功执行。

目标公司

雅虎（http://www.yahoo.com）是全球第一门户资讯网站，业务遍及24个国家和地区，为全球超过5亿的独立用户提供多元化的网络服务。1999

年9月，雅虎中国网站开通。雅虎的核心业务囊括了搜索、门户、电子邮件、即时通信等领域。

主并公司核心知识

根据阿里巴巴集团公司网站上的大事记，我们了解到阿里巴巴公司核心知识的进化路线如下：全球企业间（B2B）电子商务模式→个人间（C2C）电子商务模式→将支付宝技术与前两种商务模式结合→W. B. S 技术知识，即 Website、B2B 和 SEO 三个英文单词的缩写。W. B. S 中的 Website 就是 www. alibaba. com 这个网址，B2B 就是阿里巴巴电子商务平台本身，而 SEO 就是阿里巴巴电子商务平台在雅虎搜索引擎上所做的平台优化。为什么说 W. B. S 技术知识是阿里巴巴目前的核心知识？因为在国内外很多人都比较习惯于使用雅虎等搜索引擎寻找一些资料，很多商人也喜欢在搜索引擎上寻找自己感兴趣的产品、企业等信息，以此来挖掘商机。但是搜索引擎毕竟是个超级大市场，里面的内容太多，以至于商人们往往要花上不少时间在里面寻找他们所需要的信息。因此，阿里巴巴电子商务平台在搜索引擎上花了大量的心血，研究搜索引擎的算法及规律，并据此开展对平台自身的搜索引擎优化工作。现在大家可以看到，在雅虎等搜索引擎里有上千万的链接点都是阿里巴巴的。可以这么说，只要国内外的商人想找一些有关产品的信息，他们能够非常容易地看到 www. alibaba. com 的身影，这就是 W. B. S 技术的魅力。

核心知识在并购前后的变化

并购之前，阿里巴巴的主要业务集中在 B2B、C2C、网上支付的基础上，而雅虎的核心业务则囊括了搜索、门户、电子邮件、即时通信等领域。并购之后，新阿里巴巴的业务在原来电子商务、网上支付的基础上，进一步扩展到搜索、门户和即时通信等领域，这样，阿里巴巴的业务范围拓展到除了无线、游戏外的所有互联网领域，一举成为业务门类最广泛的网络企业。同时，阿里巴巴还获得了雅虎领先的搜索技术和平台支持以及强大的产品研发保障。而搜索技术将在电子商务发展中起到极其关键的作用。从目前阿里巴巴的核心知识——W. B. S 技术，就可知并购对其核心知识的进化所发挥的重要作用。2005 年 8 月 11 日，在阿里巴巴宣布收购雅虎中国的新闻发布会上，阿里巴巴创始人、现任CEO马云在说明并购意图时称："合作的主要目的是为了电子商务和搜索引擎，未来的电子商务离不开搜索引擎，今天获得的整个权利使我们把雅虎作为一个强大的后方研发中心。"可见，核心技术进化是当时阿里巴巴收购雅虎中国的主要考量因素。

［部分资料来源：杜荣飞．阿里巴巴收购雅虎中国启示录．新理财，2007(6)：64~65.］

第五章　知识并购的目标知识资产

本章对知识并购的资产对象展开分析。在综述组织核心竞争力研究成果的基础上，本章从核心竞争力特征的分析中引出作为其基础的核心知识，并将其定义为网络式知识。网络式知识具有支撑核心竞争力的主要特性，因而成为核心竞争力进化的动力源泉。组织要维持其核心竞争力就必须发现、维护并合理应用网络式知识。知识并购的对象正是这种网络式、背景取向型的隐性知识。

第一节　引言

每个组织都希望自己能够成为长盛不衰的“百年老店”，但是在激烈的市场竞争中，组织凭借什么战胜其他组织而获得生存的资源呢？竞争力？核心竞争力？对于这个问题，企业是最关心的。在企业需求的拉动下，经济学界和管理学界自20世纪90年代以来展开了一场“企业核心竞争能力”的研究热潮。这场热潮的起点标志是1990年Prahalad C. K. 和Hamel G.（1990）在《哈佛商业评论》上发表的《公司核心竞争力》一文，并首次提出了“核心竞争力”的概念。但核心竞争力究竟由什么要素组成？围绕这个问题，国内外学者提出了不同的观点，有资源观、技术观、组织观、文化观和知识观。知识观几乎包容了其他观点，因此得到了较多学者的支持。柳洲和陈士俊（2007）认为企业核心能力是建立在知识资源基础之上的特异性知识创新能力；芮明杰等人（2008）认为公司核心竞争力的本质是隐性知识，公司核心竞争力的形成过程是隐性知识创新过程。但是隐性知识的主要载体是人，人又是移动的，隐性知识如何成为组织核心竞争力的稳定基础呢？知识并购的对象是否就是这部分隐性知识？本章将对此进行分析。

第二节　核心竞争力的概念及特征

Prahalad C. K. 和 Hamel G.（1990）认为，核心竞争力是“组织中的积累性学识，特别是关于如何协调不同的生产技能和有机结合多种技术流派的学识”。Meyer M. H. 和 Utterhack J. M.（1993）认为，企业核心竞争力是企业的研究开发能力、生产制造能力和市场营销能力的综合，在很大程度上就是企业在产品族创新的基础上，把产品推向市场的能力。王毅等（2000）认为，企业核心能力是一个能力系统，由能力元和能力构架而成，具有层次结构，分为经营环境、企业、学科、技术、产品、核心子系统六个层次，强调核心能力具有系统性、层次性、动态性和本质上的知识特性。这些概念都有以下共同点：①核心竞争力是一种综合性的能力，涉及组织内的多个个体，还包括个体之间的联结方式；②核心竞争力是以知识为基础的能力，这是知识积累到一定程度才形成的；③核心竞争力是一种动态的能力，它要随着外部环境的变化而不断地进化创新才可能长期存在。动态能力是公司为应对外部环境变化作出快速反应而整合和建立以及重构内、外部公司能力的一种能力。组织的动态能力反映了其在给定竞争环境中成功创新的能力。为实现新竞争优势而创造动态能力需要改变其核心能力的知识（Jose et al, 2005）。总而言之，核心竞争力是组织在动态的环境中以核心知识为基础形成的能够构成竞争优势的综合性动态能力。

结合柳洲（2007）、芮明杰（2008）、王毅（2000）、郭岚（2007）、朱瑜（2007）等学者的观点，组织核心竞争力具有以下基本特征：①价值创造力。核心竞争力能够为组织的产品或服务不断提供价值增值的动力。每一种产品或服务都有一定的生命周期，当一种产品或服务进入衰退阶段就必须注入新的活力，而这种活力只能来自于核心竞争力。通过核心竞争力的作用，使产品或服务的质量、性能等价值要素不断适应顾客要求的变化，产品的价值得以不断增值。②独特性。核心竞争力只为本组织所拥有，其他组织无法获得。产品质量的差异或成本的下降都是竞争优势的表现，如果实现质量差异或成本下降的能力被其他组织所掌握，那么这种差异化或低成本的优势就不存在了。③综合性。核心竞争力是组织中多个部门或群体的能力的综合。核心竞争力是组织作为一个整体在日常运作中表现出来的能力，单单某一个人或某一个部门无法构成核心竞争力，即使这个人或这个部门在形成核心竞争力的过程中发挥较为重要的作用，但离开其他个人或部门的配合，核心竞争力也难以形成。④自我进化性。核心竞争力要能够不断吸收内、外部环境中的新知识基因，实现自我进化完善。组织外部的竞争环境是变化的，企业内部的核心竞争力只有适应外部环境的变化才能保持组织的生命力，但外部环境的变化是诱因，核心竞争力的进化还要依靠自身对新知识的选择、储存、分享和应用，进而创新，不断创造新的知识才是保持核心竞争力长盛不衰的根本。

第三节　网络式知识

迈克尔·波兰尼将知识分为显性知识和隐性知识两类。相对于显性知识，隐性知识具有以下特点：①嵌于实践活动之中，非命题和语言所能尽，只能在行动中展现和被觉察、被意会；②不能以正规的形式加以传递，只能通过学徒制传递；③不易大规模积累、储藏和传播；④不能加以批判性反思；⑤隐性知识相对于显性知识具有逻辑上的先在性和根源性（波兰尼，2000）。Jonathan Perraton 等（2007）认为，隐性知识概念仅仅是一个表示观察者不能理解的现象的词汇，就其本身而言，并没有任何解释性内涵。而且以个体的隐性知识来解释组织的核心竞争力更难，但我们从知识属于团体或社区

(Community) 的角度可以看到，作为组织核心竞争力的基础的知识要“用团体的术语解释组织的知识”(Richard, 2000)。在文化领域中，有相声、双簧、乐队、杂技团等形式的团队；在企业管理中，有项目团队、管理团队、研发团队等形式的群体。这些团队或群体有一个共同特征，那就是在完成一个任务时需要全体成员的共同协调、互相支持才能成功，解决某个问题的知识是分布在群体成员的大脑中的，这些成员实际上就形成了一个知识网络，我们将这种以网络形式存在的隐性知识定义为网络式知识（目前大多数文献是研究利用网络来转移个体之间的知识，而实际上这种网络本身就可能是知识的一种形态)。网络式知识不但包含了个体的知识，而且包含了个体之间的联系方式。在网络式知识的承载个体中，记忆知识按照“比较记忆优势”进行分工，相互之间默契的配合在认知心理理论中被称为“集体心智”，这是一种动态化的知识。因此，网络式知识除了具有隐性知识的基本特征之外，还具有个体之间的相互制约性，同时又具有较强的包容性。此前也有“企业隐性知识”、“组织隐性知识”、“团队隐性知识”等定义，但这些定义使得后续的研究只能限于定性的分析，难以反映这类知识的动态性质（即主体之间相互影响的性质)，而“网络式知识”的定义为以后利用较为成熟的网络模型技术进行定量分析奠定了基础。例如，运用网络结构理论中的网络大小、网络联结强度、网络稳定性等来分析网络式知识的规模和稳定性，运用网络关系理论中成员间的信任、规范研究等来分析网络式知识的载体成员间关系。

网络式知识有两种基本形态，即有核心的网络式知识（见图 5 –1）和无核心的网络式知识（见图 5 –2)。有核心的网络式知识以某个个体的隐性知识作为核心，其他个体的隐性知识围绕核心知识形成并发展。无核心的网络式知识以个体分工为基础，强调个体隐性知识的共同发展。两种网络式知识在网络规模、网络联结强度和网络稳定性等方面也呈现不同的特点。由于作为核心个体的组织控制能力是有限的（例如，最佳的管理宽度是 7 人)，因此，有核心的网络式知识的网络规模是有限的；而无核心的网络式知识主要

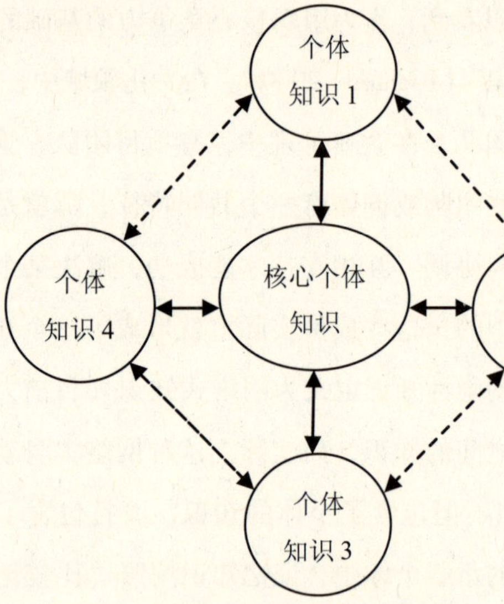

图 5－1 有核心的网络式知识

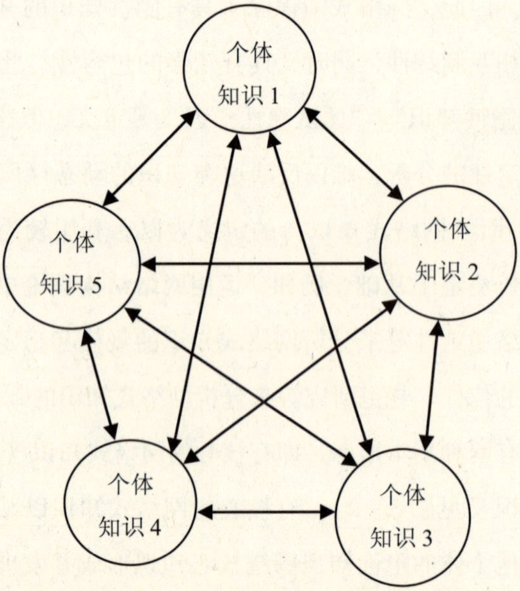

图 5－2 无核心的网络式知识

依靠个体之间独特的联结方式来扩张，因此，理论上这种网络式知识的规模是无限的。有核心的网络式知识的核心个体在网络中占据强势地位，其他个体与核心个体的联结强度较大，而其他个体之间的联结强度较弱；无核心的网络式知识的个体之间的联结强度都比较大。无核心的网络式知识的个体之间相互牵制，并且只要有一个个体离开网络，整个网络式知识就可能消退，因此网络稳定性较差；而有核心的网络式知识的网络稳定性要强些，因为只要核心个体能够稳定，整个网络式知识就基本上可以稳定下来。

第四节 网络式知识与组织核心竞争力

组织核心竞争力以组织的核心知识为基础，核心竞争力具有价值创造力、独特性、综合性和自我进化性等特征，相应地，核心知识就应该具有异质性、难以复制性、难以转移性、创新性和用户价值性等特征。显然，如果这种核心知识只是储存在某个人的大脑中，那么就不会具备难以转移的特征，因为如果这个人流出企业，核心知识也就流出企业了（很容易地转移）。只有网络式知识才有可能具备以上核心知识的所有特征。这是因为：第一，网络式知识分布在多个个体的大脑中，能够形成多种知识组织方式，很容易形成异质性；第二，网络式知识如果需要复制就必须得到所有成员的支持，否则不可能得以复制（难以复制性）；第三，网络式知识的转移既需要将每个网络节点（个体）的知识转移，又需要将节点之间的联系方式转移，否则就很难转移（难以转移性）；第四，网络式知识既可以通过某个节点知识的进化实现创新，还可以通过节点之间的联系方式进化实现知识的创新（创新性）；第五，网络式知识在具备以上特征之后，更容易为客户创造新的价值（价值创造性）。

网络式知识具有较强的自我进化创新的能力，因为在网络式知识的多个节点中，如果有一个节点的知识进化了，整个网络式知识就可以进化，而且除了节点的知识进化之外，节点之间的某种联结方式进化了，整个网络式知识也可以进化。以网络式知识为基础的核心竞争力也将表现出较强的自我进化能力。网络式知识在吸收外部的知识基因之后，形成较高价值的新知识，组织将这些新知识融合到产品中并使产品的价值增值，这就形成了核心竞争力的价值创造力。网络式知识由多个个体知识组成，通过个体的移动，网络式知识可以自动延伸扩展，还可以自动综合个体的知识，这就形成了核心竞争力的综合性。在网络式知识中，个体知识的变化和个体知识之间组合方式的变化都将带来网络式知识的独特性，这就形成了核心竞争力的独特性。这里概括网络式知识的特征主要是从网络和价值的角度展开的。网络式知识、核心竞争力和竞争优势的关系如图 5－3 所示：

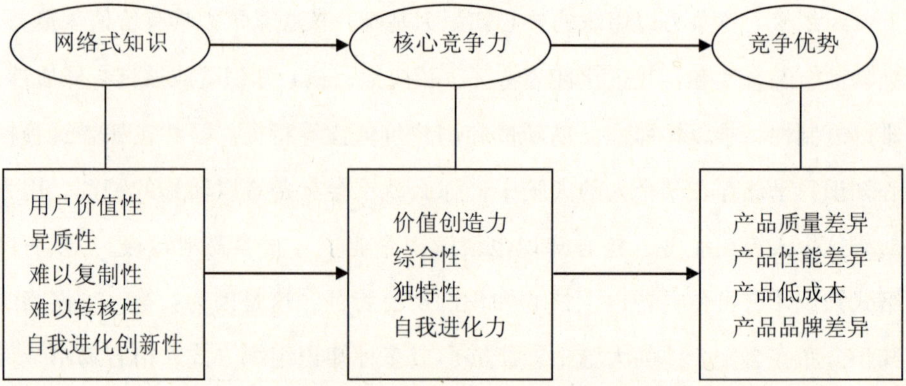

图 5－3　网络式知识、核心竞争力和竞争优势的关系

第五节　网络式知识的管理建议

前面已经述及组织核心竞争力的基础是组织的网络式知识，因此，保持并发展自己的核心竞争力就必须管理并运用好网络式知识，但是网络式知识比个体隐性知识的管理更复杂、更困难。

一、发现网络式知识

网络式知识存在于组织中，组织的管理层不一定能够意识到它的存在。有些组织的管理层可以从财务报表、市场占有率等数据中看到组织的竞争优势，却并不清楚自己的竞争优势来源于组织的哪里，也就不会有意识地支持网络式知识的发展，甚至还可能出现因错误的人力资源决策而使网络式知识被破坏。因此，管理网络式知识既要发现它存在于组织的哪些个体之中，以哪种联结方式联结，还要判断网络式知识是否有核心。对网络式知识定位后，组织才能有意识地维护、开发和利用它，并尽量防止网络式知识无端地损失或流失。

二、维护网络式知识

网络式知识具有较强的流动性、易变性和复杂性，这些特性有两个主要来源：其一，网络式知识的载体是人，存在于人脑中的隐性知识容易发生改变和遗忘，而且这是由多个人的隐性知识构成的，任何一个人的隐性知识发生改变都可能引发网络式知识的变化（强化或弱化）；其二，网络式知识存在的环境，包括语义环境、技术环境和文化环境等。复杂的语义环境包含了极大数量的信息及其发生作用的条件，因而呈现出多维度和复杂性。因此，维护网络式知识主要就是维护其载体“人”及其“环境”。组织可以从三个方面提供支持以维护网络式知识：①为个体之间的沟通、协作和配合等提供技术支持，为其提供相应的硬件和软件；②利用人力资源管理配套措施激励网络式知识的载体“人”，推动知识的共同进化；③为网络式知识提供文化支持，帮助他们建立清晰的愿景共识并加强相互之间的沟通。值得注意的是，在维护有核心的网络式知识时，对核心载体的重视非常重要，要加强对核心载体的远期激励；在维护无核心的网络式知识时，载体之间的利益平衡非常重要，要加强载体之间的利益协调，避免利益冲突。

三、不要过于强调网络式知识的显性化

现有的隐性知识管理研究文献大多数强调对隐性知识的显性化，但是知识显性化是一把“双刃剑”，它在有利于知识的转移、加快知识共享速度的同时，也将促使竞争者更快、更方便地得到这一知识，隐性知识带来的组织

竞争优势就会渐渐消失。网络式知识作为核心竞争力的基础，一旦显性化就可能流失、丧失其优势。中国的宣纸制造技术就是因为过分地显性化而流入了国外。网络式知识应尽可能地保持其隐性状态，其传承主要通过“师徒制”的方式。当然，网络式知识的载体“人”也要保持老中青的搭配比例，而且要在数量上保证在“人”出现生命意外的风险下的知识稳定性。

第六节　本章小结

网络式知识是相对于个人隐性知识的群体隐性知识，它不是个人隐性知识的简单累积，而是个人隐性知识的有机组织体。本章用网络式知识来定义这种群体隐性知识，既符合知识本身的基本特征，又能够为后续研究利用网络技术模型奠定基础。网络式知识是组织核心竞争力的基础，是组织竞争优势的源泉，加强网络式知识管理是组织保持核心竞争力的根本。知识并购的目的是通过并购得到以其他方式无法获得的核心资源。从本章的分析可知，目标组织的网络式知识正是这种核心资源。

案例分析

世纪双虹并购韩国 ORION PDP 公司

2006 年 7 月 13 日，世纪双虹与 Alcyone Investments B. V. 公司（MP 公司的全资子公司，在世纪双虹收购 Sterope 公司前持有其 100% 的股权，收购后持有 Sterope 公司 25% 的股权）签署《关于转让韩国 ORION PDP 公司权益及设立合资公司》的框架协议——由于 MP 旗下的荷兰公司 Sterope 拥有韩国 ORION PDP（欧丽安等离子）100% 的股权，由世纪双虹投资 9 990 万美元收购荷兰公司 75% 的股权，间接持有韩国第三大等离子制造商欧丽安公司 75% 的股权。并购后的控股结构如图 5－4 所示。

主并公司

四川世纪双虹显示器件有限公司，是四川长虹电子集团有限公司与彩虹

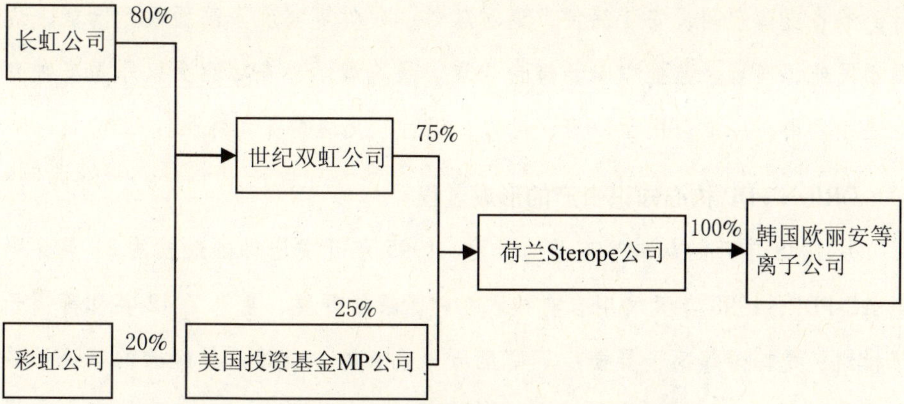

图 5-4 世纪双虹并购欧丽安公司后的控股结构

集团电子股份有限公司为推进中国平板电视关键器件的自主开发和制造，而共同出巨资于2006年7月12日在四川省绵阳市发起成立的合资公司。其前身为北京世纪双虹显示器件有限公司。公司经营范围为彩色显示器件及配套材料和电子器件的研究、开发、制造和销售。开发产品主要包括42″XGA、42″WXGA、50″FHD 、60″FHD PDP模组及以上尺寸模组等。公司的目标是打造“中国第一、世界一流”的显示器件生产基地。

并购后成立了四川虹欧显示器件有限公司。四川虹欧显示器件有限公司由四川世纪双虹显示器件有限公司与四川长虹、美国MP公司共同出资2.25亿美元设立，承担PDP屏及模组量产生产线的建设以及未来产品的开发、生产和销售。

目标公司

欧丽安原属于韩国大宇旗下，是韩国第一家拥有PDP基础核心专利的企业。欧丽安一共提出过956项专利申请，目前法律状态有效的专利及专利申请有353件，其中12项属于PDP的核心专利。任何一家生产PDP屏的企业都绕不开这些专利。该公司拥有全球唯一的M-PDP（无限扩张PDP显示墙）专利技术，能够做到PDP屏之间的拼接间隙不超过3毫米，在国际市场独占鳌头。由于M-PDP可无限拼接、灵活扩展，拼接方式多种多样，超薄机身设计，节省更多空间，安装简便，通过软件、硬件可实现多画面显示功能，适用于民航、商场、监控中心、舞台布置、展览展示、多功能会议厅等多种专业显示之用，广泛应用于政府、电力、银行、交通等各大行业。

ORION PDP 核心知识资产的形成过程

从1988年开始从事等离子的研发，1995年开发出韩国最初的21英寸彩色AC-PDP，1998年又利用自有技术在韩国最早开发、量产了42英寸等离子屏模组，是韩国等离子屏模组厂商里历史最长的、全球最具经验的等离子显示器件公司之一。基于在标准尺寸等离子（如42英寸）生产及技术上积累的实力，2003年，ORION PDP 研发成功全球最大的84英寸等离子显示器，该产品将4块特殊工艺制造的42英寸等离子屏集成为整机。2004年开发出全球独有的画面间隔最小的可无限扩张的无缝拼接等离子显示器 Multi-PDP，自2005年推向市场后逐步发展成熟，至今成为 ORION PDP 的核心业务，并成为全球大屏幕商用显示器领域的领导产品。ORION PDP 拥有一支超过200人的等离子研发团队和管理团队，并已形成世界上最先进的完备的多面取的等离子量产技术。

ORION PDP 核心知识资产在长虹知识资产演进中的作用

从技术的演进来看，简单的技术引进是不能够实现自主创新的，企业的知识和技术能力只能从企业内部产生，这就要求企业建立有效的人才体系。通过持续的人才交流，长虹与欧丽安的技术人才队伍得到不断的完善。通过与 ORION PDP 签订技术协议，大量核心技术人员进驻四川绵阳的长虹基地，支持绵阳工厂建设和产品开发，高峰阶段韩籍员工数量维持70~80名。目前，虹欧公司专注于等离子研发的人员已经超过400人，成为中国乃至全球彩电核心技术的研发高地。长虹通过整合彩虹、欧丽安等离子的技术资源，形成了以位于四川绵阳的虹欧公司为核心、北京PDP研发中心和韩国PDP研发中心为技术支撑的等离子研发体系，通过北京研发中心进行产品设计和研发，韩国研发中心参与研究，虹欧公司进行产品的量产开发和验证，实现了等离子技术的整合创新，彻底解决了技术来源和技术升级问题。长虹通过并购获得了大量核心技术和专利，一方面实现了对现有各种资源尤其是技术资源的优化配置，降低了技术研发的投入成本；另一方面也提高了技术研发的质量和水平，加快了技术创新的速度。2009年春天，长虹建成国内首条拥有自主知识产权的新型等离子显示屏生产线，并成功推出国内首台拥有自主知识产权的欧宝丽等离子电视。长虹采取现代精良的制造工艺流程，运用高精尖制造设备，通过国际最新一代"八面取"屏面切割（即可以从一块玻璃基板上切割8张42英寸等离子面板）、膜面精密加工、点对点像素喷涂、梯形障壁显像、智能封排等世界领先的制造工序，实现显示屏的显像效果更加完美出色。尤其是采用独特的纳米膜荧光体材料和专有的泰博涂敷法工艺，使长虹等离子像素点更加精微，色彩更加真实丰富，自然亮色不拖尾。

（部分资料来源：四川世纪双虹显示器件有限公司和韩国欧丽安等离子公司的相关网站。）

第六章　知识并购目标知识资产的选择分析

本章探讨了知识并购中如何选择并购目标的问题。知识并购的真正目标是目标组织的网络式知识。首先，分析了网络式知识的心理机制和基本特征。其次，从网络式知识转移和整合的角度分析了影响并购目标选择的因素，并得出了八个有助于组织并购决策的推论。

第一节　引言

知识型组织之间的并购案例日益增加，知识并购中如何选择并购目标？这是主并组织要解决的首要问题。目标选择正确，知识并购即成功了一半。什么样的目标组织才是最适合主并组织的并购对象呢？Tsai 和 Hsieh（2006）建立了一个两阶段决策模型以帮助企业在知识并购中寻找合适的技术资产。Man 和 Duysters（2005）认为，如果大公司想通过知识并购来增强他们的创新能力，那么并购的目标就要定为小型公司。同样，Capasso 和 Meglio（2005）的实证研究表明思科公司的知识并购目标标准就是设定为 60 ~ 100 人的小技术公司。Geoffrey A. Moore（2007）认为并购目标的知识是否具有可集成性以形成差异化优势是目标选择的本质标准。杨荣（2005）从降低并购风险的角度强调要在尽职调查的基础上正确选择目标公司。Cloodt 等（2006）的研究表明，知识并购双方的知识既不能有太多相同的内容也不能太不相关，双方的知识基础有一定程度的重叠才有利于吸收知识，有一定的差异性才能创新知识。现有的文献中，就目标选择问题的研究在范畴方面还比较笼统，研究的角度单一，缺乏全面的分析。选择并购目标，首先，要明确并购的目的。

我们认为知识型企业并购的目的是通过引进大量异质性的知识基因，实现其核心知识的进化。这种进化方式与其依靠自身进化相比较，可以避免重复创新的风险，加快知识网络的进化速度，还可以避免知识内部进化的刚性风险（这些观点在上一章中有详细的论证）。知识型企业并购所得的关键不是有形资产，而是目标企业员工集体所承载的知识。其次，要明确目标组织中哪些知识才是并购的主要目标。根据 Alice Lam（1998）的观点，组织知识包括四种类型，即记忆知识（Embrained Knowledge）、编码知识（Encoded Knowledge）、体化知识（Embodied Knowledge）和嵌入知识（Embedded Knowledge），如图 6－1 所示。

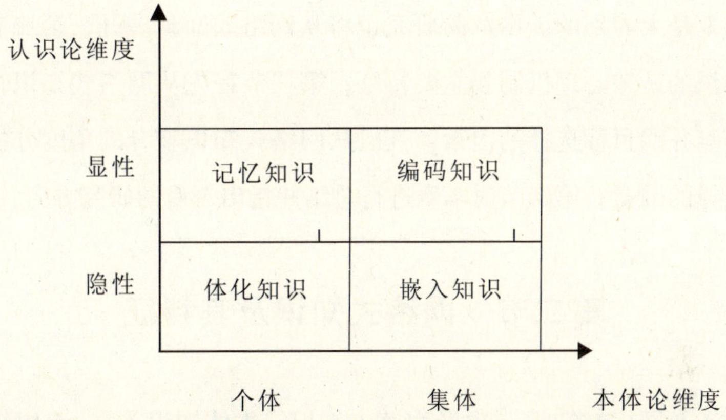

图 6－1　认知角度的知识类型（来源于参考文献［5］）

记忆知识是正式、抽象或理论化的知识，这是员工个体依靠其概念理解能力和认知能力通过学习获得（Learning-by-studying）的知识，这些知识可以编码，也可以用语言传播，因此容易转移。编码知识是组织已经编码并储存在设计图、秘方、书面规定和书面流程中的知识，这是可以用信息技术直接处理的知识，容易在组织内部传播，也容易被转移到组织外部。体化知识是行为导向的、实践性的知识，这是员工通过实践（Learning-by-doing）获得的知识，是一种自然产生的、不固定的和个人专有的知识，因其不容易被编码，也很难用语言表达，因此不容易在员工之间转移，但是可以跟随员工一起转移。嵌入知识是存在于组织惯例、实践和共同行为模式之中的集体性知识，这是根植于组织实践社区（Communities-of-practice）中的知识，因此，它既是特定关系下的、情景依赖的、分散的知识，又是有机的、动态的知识，它黏附于组织并有路径依赖性，它的形成和应用都受制于已经建立的组织原则和社会关系模式。这是组织所拥有的很难转移的一类知识。众所周知，并购是有风险的，容易转移的前三类知识都有不通过并购获得的可能性，因此都不会成为并购的主要目标，只有嵌入知识才是知识并购的真正目标。考虑到上一章我们已经将这类知识定义为网络式知识，因此，我们还是以网络式知识来代表嵌入知识，以统一定义。事实上，这两种定义只是分析的角度不一样，实质上是无差别的。本章的研究也将从网络式知识展开，第二节将分析网络式知识的认知心理机制和主要特征；第三节首先从网络式知识转移的角度分析影响并购目标选择的因素，其次从网络式知识整合的角度分析影响并购目标选择的因素；第四节对本章进行总结并指出今后的研究方向。

第二节　网络式知识及其特征

前已述及网络式知识（也译为植入知识、集体知识等），与组织原则和社会关系模式相关并受其制约。这可以说是目前所知的最复杂的一类隐性知识。本章将从心理学角度进一步分析网络式知识的特征。

一、网络式知识的认知心理机制

网络式知识是已经嵌入到多个群体成员的头脑及其相互之间协调机制中的知识，也就是说，网络式知识由两部分组成，一部分是成员个体头脑中已经存储的静态知识；另一部分是成员之间相互协调并支持的动态知识。认知心理学理论中分别有两种理论解释网络式知识的两个组成部分，这就是交互记忆系统和集体心智。它们之间的关系如图 6－2 所示：

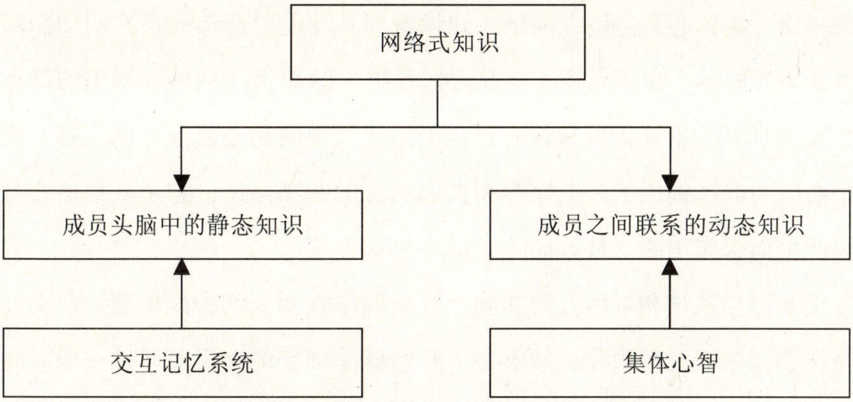

图 6－2　网络式知识的认知心理学基础

认知心理学家 Wegner（1985）观察到，群体中的个人相互依赖记忆某些信息，从而使得每个人掌握的信息和知识容量极大地增加。据此，Wegner 提出交互记忆（Transactive Memory，TM）概念，指的是对来自不同知识领域的信息进行编码、储存、检索和交流活动的共享的认知劳动分工，它通常是在亲密关系基础上发展起来的。在工作群体中，当个体了解到其他成员的专长时，获取和编码与专长相关信息的责任就会通过内隐或外显的方式分配给最合适的专家成员，此时交互记忆就产生了（Hollingshead，1998；Moreland，1999）。交互记忆使群体中的个人知识呈现出明显的互补性。交互记忆系统是团队成员之间形成的一种彼此依赖的，用以获得、储存和运用来自不同领域的知识的合作性分工系统。它是解释团队知识处理过程的一个机制（张钢和熊立，2007）。网络式知识静态部分的这种互补性使它与简单群体知识明显地区别开来，也就是说，简单群体知识是 1＋1＝2 的累加知识，而网络式知识是 1＋1＞2 的交互递进累积知识。

Weick 和 Roberts（1993）提出了集体心智（Collective Mind）的概念，集体心智是指一种社会认知系统，在此系统中，人们深切关注他们行动间的相互联系。尽管它与交互记忆系统一样都是关于集体或团队的社会认知过程的，但集体心智关注的却是社会认知过程中与交互记忆系统不相同但又相互关联的另一面。集体心智是由在网络式知识发挥其功能时群体成员之间动态联系的方式来反映的。也就是说，交互记忆系统中的知识（网络式知识的静态部分）要实现其价值还需要集体心智（网络式知识的动态部分）的支持。交互记忆系统为群体提供了一个储存和提取信息的共享场所，它是从集体心智中得以产生而起作用的（Moreland et al，1996）。

交互记忆系统和集体心智共同诠释了网络式知识的形成机理。在交互记忆系统中，知识记忆的分工并不是一开始就能确定的，需要通过一段时间来确定成员相互之间的比较记忆优势，这个比较记忆优势就是指某个成员相对其他成员更能记忆好某类知识的优势。对某个成员而言，这个比较记忆优势的确立也需要一定的时间来调整并形成，但这段时间的长短与成员在加入群体之前的相关知识拥有量直接相关。集体心智这种动态知识则更需要群体成员在相当长的时间内相互配合才能形成，而且这种动态知识与其产生的环境是相互融合的。可见，网络式知识发挥作用时既要调动群体成员的个人知识（隐性知识和显性知识），又要使个人知识的运用基本上符合共同的规则，还要能配合他人知识的进化。网络式知识是组织生产高度复杂的一次性产品（如复杂应用软件、娱乐产品等）的知识资源基础。

二、网络式知识的主要特征

通过对网络式知识的心理机制的分析，我们认为网络式知识的特征主要表现在以下五个方面：第一，网络式知识建立在知识载体成员之间相互信任的基础上。网络式知识由团队集体拥有，任何个体都只能拥有或取得其中的一部分而非全部，换言之，在网络式知识的产生和应用过程中，团队中的成员缺一不可，没有信任，相互之间就不可能配合好。第二，互补性。网络式知识的载体各自发挥自己的特长（比较记忆优势），掌握网络式知识的某一部分内容，但每个载体所掌握的知识如果要实现其价值就必须得到其他载体知识的支持，相互补充的知识共同组成了网络式知识这个整体。第三，动态性。网络式知识是通过群体成员之间相互配合协调的形式表现出来的，没有联系的群体或联系不紧密的群体是无法表现网络式知识的。这种动态性不但表现在群体成员的相互联系上，还表现在动态环境变化时对环境作出的及时反应上。第四，难转移性。网络式知识的转移既需要静态知识的转移，又需要动态知识的转移，还需要知识环境的转移，因此，网络式知识的转移需要一种整体转移的模式，否则就很难成功转移。第五，价值创造性。网络式知识具有明显的价值创造性，因为网络式知识本身的创造就是在其预期价值得到众多人认同的前提下展开的，因此，在其成功创造后一般都具备了为组织创造价值的力量，大多数组织的核心竞争能力都来源于其网络式知识。青木昌彦（2001）对网络式知识的价值作了论证，“因为数码信息的普遍可得性，在此基础上日益加剧的竞争反而将增加那些意会的和无法成文的知识的经济价值，这些知识只有在现场的或是社区内的相关参与人（职业人士、专家等）才能获得，对它们的最佳利用要求合适的（地方化的）机制”。

第三节　网络式知识转移和整合的要求对并购目标选择的影响

前面的分析说明知识并购的目标是获取目标组织的网络式知识，因此，知识并购的目标选择影响因素分析就转化为网络式知识价值的影响因素分析，主要包括网络式知识转移的影响因素、目标组织的网络式知识与主并组织的网络式知识相整合集成的影响因素等。

一、网络式知识转移因素对知识并购目标选择的影响

1. 并购双方的信任关系

信任对知识转移的影响得到了众多学者的研究成果的支持，在当代知识论中，对于信任在知识传递中的作用，已经不存在实质性的争议（徐献军和丛杭青，2005）。Davenport 和 Prusak（1998）认为，影响知识转移的首要因素是信任关系，缺乏信任就很难成功转移知识。对于隐性知识的转移，信任

尤为重要。知识并购中的目标——网络式知识，其本身就是建立在信任的基础上的，丧失信任，网络式知识的经济价值也将荡然无存。强信任关系将使并购双方在转移知识时利用更多的沟通渠道和媒介；信任关系将使网络式知识的载体成员主动划清知识领域，降低知识转移的难度；信任关系将使主并组织成员形成对网络式知识的可靠性归因，以提高知识转移的主动性。微软公司之所以不强行并购雅虎公司，主要就是意识到雅虎对其的不信任将使网络式知识的价值大大降低，即所谓“强扭的瓜不甜”。因此，选择知识并购目标时首先要考虑的因素就是信任关系的强弱，尽可能选择信任关系强的目标。

推论 1：

并购双方的信任关系正向影响知识并购目标的选择。

2. 组织文化的相似性

知识是在不同情境间构建、转移并被重新构建的，特别是网络式知识与其环境密切相关。网络式知识虽然是整体式转移，但被转移后的环境还是发生了一定的变化，这其中首先就是文化的变化。目标组织的原有文化将渐渐被主并组织的文化所覆盖。Cummings 和 Teng（2003）认为，工作价值观与组织文化中的差异性可以显著地降低知识转移成功的可能性。这其中的逻辑性在于，共同的范式不仅可以提供转移双方的可预测性及理解力，而且也确保了在转移过程中采用共同的方法。可见，主并组织与目标组织在文化存在差异的条件下，即使网络式知识整体转移，网络式知识载体网络成员与网络外部成员在沟通范式上的差异最终也会影响网络式知识价值的发挥。因此，选择知识并购目标首先要尽可能选择组织文化相似的组织。例如，美国思科公司的知识并购目标基本上是选择与其组织文化相似的美国公司。

推论 2：

组织文化的相似性正向影响知识并购目标的选择。

3. 目标知识与主并组织知识的相关性

目标知识是因为其显著的创新价值而被主并公司选择的，但任何知识创新都是在一个或多个知识域中进行的，因此，如果主并公司的知识与目标知识同处一个知识域，那么将目标知识转移到主并公司的速度和成功率都会有很大的提高。Grant（1996）认为，组织间知识整合是为了促进彼此的商业利益，如果彼此的经验互不相关，则无法从知识整合中获得好处。2005 年，无线网络公司 Space 被美国思科公司并购，由于思科公司在无线网络市场上经营多年且将无线网络作为其主营业务来发展，Space 公司的无线网络技术知识很快就与思科公司的无线网络知识融合并创造出较大的价值。2006 年，Space 的产品市场占有率显著上升，其“有集中管控的移动网络”技术产品从 2005 年被收购时 3.1% 的市场份额，迅速增长到 2006 年近 15% 的市场份额。而中国一家生产电器的企业兼并了美国一家 CDMA 通信技术研发企业之后，虽然将很多的专利收入到公司，但由于知识的相关性太低，经营多年仍无法产生较好的经济效益。因此，知识的相关性是选择目标知识的重要影响因素。但是如果相关程度太高，即知识在很大程度上是重叠的，那么并购后知识创新的可能性也会较低，因为缺乏异质性的知识基因将使知识进化的速度降低。从知识创新的角度来看，知识的相关性存在一个极值点，在达到极值点前，知识相关性越高越好；在越过极值点后，知识相关性越低越好。

推论 3：

并购双方知识的相关性对知识并购目标选择的影响是一种倒“U”形的关系。

4. 目标知识的组织情境与主并组织情境的相似性

网络式知识具有高度的情境相关和依赖性，它的产生和应用都嵌入在特定的组织情境中，脱离这一情境就会导致网络式知识部分或全部价值的丧失。这些组织情境包括：上下级关系的处理方式、组织激励制度、员工之间对知识的评价和对知识应用的态度等，还有认知规则和决策规则。[①] 情境参数发生变化，网络式知识的原有信息结构就可能失去效率优势。一般而言，与网络式知识相对应的是水平层级制的信息结构，主并组织在并入网络式知识后，必须能够提供相对应的信息结构情境。

推论 4：

组织情境的相似性正向影响知识并购目标的选择。

5. 并购双方过去联系的紧密程度

知识是一种“经验”产品，需要通过运用才能完全了解其真正的价值所在。网络式知识在被并购之前不可能被主并组织掌握（如果掌握了就不会花大代价去并购了），但可以通过部分的信息沟通（接收有关网络式知识价值的信号）对其作出评价。Kelley（1973）认为知识受体在接受知识之前会对其有用性作出评价。Carlile（2004）也认为知识转移的双方不仅分享知识而且互相评价知识。知识并购前的联系是对并购目标的一个很好的评价机会，但这又不同于普通并购中的“尽职调查”程序，因为这个评价是在不抱有并购目的的业务合作过程中完成的。多数知识并购往往是在双方并购前有过一段紧密联系之后才实现的。例如，在 2006 年 5 月德国西门子公司并购中国上海的光桥科技公司之前的 2004 年，双方就建立了战略伙伴关系；在 2003 年 1 月中国的京东方公司并购韩国现代公司的 TFT-LCD 事业部之前的 2001 年，双方就开始了技术合作关系。

推论 5：

知识并购前双方联系的紧密程度正向影响知识并购目标的选择。

---

① 认知规则是被参与人用来从认知投入品（如数字数据、书面报告、公司标志、交谈、姿势和表情等）形成对相关处境的解释性判断；决策规则是被用来将解释性判断转换成相关行动变量的选择（Weik and Roberts，1993）。

二、网络式知识整合因素对并购目标选择的影响

知识转移只是完成了“拿来”知识这一步骤，要让知识实现其价值，还需要将“拿来”的知识与主并组织的知识进行整合进化为新的知识。并购是企业的战略行为，并购的结果应该服从并服务于企业的战略目标，知识并购的结果应该以创造新的知识为标志，以实现创新价值、达到战略目标为目的。而这一切都取决于目标知识与主并组织知识整合进化的实现程度。因此，在选择知识并购目标时就必须考虑：目标知识能否与主并组织知识成功整合并进化。

1. 主并组织学习接收目标知识的能力

在将目标知识进行整合之前，主并组织首先要接收目标知识，并将目标知识与主并组织原有的知识加以联结。知识并购完成后初期，目标网络式知识还是掌握在原目标组织成员的头脑中，要使目标组织的网络式知识与主并组织知识联结，就必须有一个双方组织成员之间相互学习的过程。Verkasalo 和 Lappalainen（1998）认为，知识转移是一个教与学的过程，由知识提供者教导知识接收者如何将新的信息与接收者现有的知识基础加以联结，当知识接收者了解到新的信息与原有知识基础的关系后，知识接收才算基本完成。知识接收者学习和接收知识的过程也是知识距离①渐渐缩短的过程，特别是隐性知识的转移，知识提供者将根据知识接收者的基础知识状态，通过不同的编码和形象化方式来改变新知识的信息表达状态，以缩短知识距离（陈搏，2007）。当然，网络式知识的整合主要通过其网络成员的逐渐置换，吸收一部分主并组织的成员进入网络式知识网络来完成。这样，新成员将主并组织的原有知识带进了网络式知识，从网络式知识网络中被置换出来的成员

---

① 知识距离或称知识转移距离是指新知识的某一信息状态转移到与知识接收者的基础知识实现共同信息最多的新知识信息表达状态的距离，由接收者的基础知识、新知识的编码程度和抽象程度共同决定。

又将一部分知识带出原网络。从主并组织的角度分析，主并组织成员的相关基础知识越好、学习能力越强，并购后相互学习所需时间越少，成功接收目标知识的概率就越高。

推论6：

主并组织成员的相关基础知识正向影响知识并购目标的选择。

2. 目标组织员工的学历、项目经验和创新能力

网络式知识的价值不仅体现在对现有产品的支持上，更体现在组织以网络式知识为基础创造新知识的能力上，网络式知识的理论价值应该是其未来创造价值的贴现值。因此，在选择并购目标知识时更应该关注知识整合后的创新能力。理想情况下，目标组织的网络式知识与主并组织的原有知识整合将成功造就组织更强的创新能力。但实际的组织创新能力还依赖于目标组织员工的学历、经验和创新能力。人是知识创新中最具活力与变化的因子，知识创新说到底是人的作用的发挥，是人工智力的综合。知识创新是基于经验的不断修正过程，即通过反复试验或试错法来提高创新能力。每次试错得到的信息都会对前一次的信息进行修正并增加新的信息和知识，随着这些知识的增加，组织将逐渐提高创新能力。员工已经获得的学历、学位是其很好地掌握了创新方法的证明，已经完成项目任务的经验是其能够创新的证明。总之，目标组织员工完成项目经验越丰富、学历越高，其创新能力越强，并购后的知识整合所造就的组织创新能力也将越强。

推论7：

目标组织员工的学历、项目经验正向影响并购目标的选择。

3. 目标组织的规模

在知识并购中，目标组织规模过大，可能引发以下问题：第一，规模过大，并购整合需要的时间过长，这将消耗许多个体的时间，分散他们的注意力，进而减少创新；而高科技产品市场价格一年可以下降30%，并购整合时

间越短，竞争优势就越强，因此，并购整合的时间应该尽可能地缩短。第二，目标组织规模过大，被并入主并组织的部门就越多，即使网络式知识被成功整合，其他部门整合也可能不成功，这将给并购带来更大的风险。第三，目标组织规模过大，组织知识内容过多，就有可能并购了主并组织根本不需要的知识，这些知识在主并组织中很难得到运用；此外，还有可能并购了一些与主并组织相同的知识，这些重复的知识基本上没有价值，但主并组织还是需要为这些不需要的知识和重复的知识付出代价，造成“过度支付”。第四，目标组织规模过大，非知识资产也将比较多，处置这些非知识资产的成本付出也会较多，这也将增加并购的成本。第五，根据第四章的结论，公司规模过大，对网络式知识的承载成员的激励将减小，因而将减少并购的动力。因此，“大公司如果想增强他们的创新表现，那么并购的目标要定为小公司”（Man and Duysters，2005）。

推论 8：

目标组织的规模负向影响并购目标的选择。

根据前面的理论分析，我们将影响知识并购目标选择的因素概括如表 6－1所示：

表 6－1　影响知识并购目标选择的主要因素

<table>
<tr><td rowspan="12">目标知识选择的影响因素</td><td>一级指标</td><td>权重</td><td>二级指标</td><td>权重</td></tr>
<tr><td rowspan="3">信任关系</td><td rowspan="3"></td><td>并购双方的信任关系</td><td></td></tr>
<tr><td>过去两个企业之间的联系紧密性</td><td></td></tr>
<tr><td>目标知识与本企业知识集成创新知识的可能性</td><td></td></tr>
<tr><td rowspan="5">知识距离</td><td rowspan="5"></td><td>目标知识与本企业现有知识的相关性</td><td></td></tr>
<tr><td>目标知识隐性化程度</td><td></td></tr>
<tr><td>本企业学习吸收目标知识的能力</td><td></td></tr>
<tr><td>目标企业员工学历、经验和创新能力</td><td></td></tr>
<tr><td>目标知识与其组织环境的相关性（嵌入环境的程度）</td><td></td></tr>
<tr><td rowspan="2">组织环境</td><td rowspan="2"></td><td>两个企业在文化上的共同性</td><td></td></tr>
<tr><td>目标企业的规模大小</td><td></td></tr>
</table>

第四节　本章小结

本章将知识转移和整合理论运用于分析知识型企业并购决策中的目标选择。首先，通过组织内部知识的分类分析，提出知识并购的真正目标是目标组织的网络式知识，因为网络式知识代表的是目标组织的差异化能力。其次，应用认知心理学的最新理论分析了网络式知识的心理机制和基本特征。认为组织的网络式知识是由产品创新所需要的工程技术人才、产品营销人才和管理人才承载的，主并组织只有将这些关键人才及其环境整体移植到本组织中来，并成功地融入本组织的文化之中，才能真正将目标组织的网络式知识引进来，最终达到增强本组织的创新能力和差异化能力的目的。最后，从网络式知识转移和整合的角度分析了影响并购目标选择的因素，并得出了八个有助于组织并购决策的推论。本章只是对知识并购的目标选择展开初步的理论分析，要想验证这些理论假设还需要收集相关的数据进行统计分析，这将在第十章完成。

案例分析

思科的并购目标选择策略

思科系统公司（Cisco System，Inc.）是全球领先的互联网设备供应商。思科于1984年由斯坦福大学的一对教授夫妇创立，1986年发明了第一台多协议路由器，1990年在NASDAQ上市，1993年建成了世界上第一个由1 000台路由器连接的网络。Cisco的名字取自San Francisco，那里有座闻名于世界的金门大桥。思科用了短短13年时间成为世界上闯入500强最快的公司，而并购是这一成功的基础。思科公司有一个美誉——并购发动机。思科的历史就是一部并购史，而思科的成功就是一个个“并购”企划的成功。迄今为止，思科一共收购了近140家公司。思科的CEO钱伯斯说：“尽管90%的高科技收购都是失败的，而我们的成功率是70%。”如此高的并购成功率是与其明智的并购目标选择策略密切相关的。

早在2000年以前，钱伯斯已经明确了一个基本思路：收购的是人，而非公司。因此在选择并购目标时主要考察与人相关的要素。钱伯斯为其并购活动确立了五条“经验法则”：并购对象必须与思科发展方向相同或角色互补；被并购公司员工能成为思科文化的一部分；被并购公司的长远战略要与思科吻合；企业文化和气质特征与思科接近；地理位置接近思科现有产业点。文化和气质相容才能保证并购后的公司真正能够融入思科，长远战略吻合才能保证今后有共同的目标和发展方向。显然，公司的文化和气质是思科选择并购目标考虑的重点，也是后续决策的基础。关于思科对并购目标的选择，思科系统网络技术有限公司副总裁兼中国区总裁杜家滨说：“首先，我们会去确定这个公司的文化与思科是否接近。其次，我们要考察他们的技术手段与创新。我们不见得会去比较这个技术是不是最领先、最创新的，而是会考虑这个技术与我们现在的技术、与我们的产品本身的衔接性是否比较大。因为这样我们并购以后，它与我们产品的融合会比较顺利，也会帮助我们的产品又往前走一步。”可见，思科并购的目标知识一定要能够与其现有的知识整合，通过整合创造出新的产品。文化的整合、知识的整合、客户的整合和战略的整合是思科选择并购目标时考虑的关键要素。思科负责投资的副总裁Ned Hooper说，“共同的文化和共同的远见”是确保并购成功的因素之一。此外，“并购具有很高的风险，我们在并购的时候一定要考虑怎样融合的问题，怎样把他们的客户接收进来，怎样让员工融合进新的团队。但是很多公司在并购的时候对此考虑并不周到。对思科来说，几个关键的因素决定交易能否成功”。

假如把并购目标选择比喻为一个生命有机体对食品的选择，那么思科对并购目标的选择就主要考虑其是否能够消化吸收这个食品。思科有个一贯的策略：通过收购来构建新技术并加快其产品上市的节奏，并且只收购那些自己有能力收购的公司。这些被收购的公司通常不会太大。理想的收购目标是：公司大约只有100人，生产的产品为IT产品，而且产品技术非常新。虽然思科并不排除在小规模的收购之外有一些较大的手笔和特殊的处理方式，但它看重的依然是拥有特殊技术的小型公司，这些公司要么直接和思科处于同一市场，要么邻近思科的产品。同时，思科也愿意选择自己的原员工创办的公司。一些富有想法的人才在创业时获得思科的资金支持，并在适当的时候被收购进来。虽然这样的确令不少思科员工不爽，因为那些一两年前坐在你邻桌的人再次成为你的邻桌时，已经身价数千万，但这的确是一种目标非常明确的低成本的、保持创新的手段。显然，自己的原员工创新的知识也更容易与思科的知识系统融合，更容易消化吸收。

思科对并购目标的选择，不仅考虑并购目标的技术创新能力，而且考虑并购目标的商业流程、管理等方面的创新能力。例如，思科花了32亿元并购了中国一间名为“网讯”（Webex）的公司，它不仅是一家技术上创新能力强的软件公司，而且在商业模式方面也具有很强的创新能力，于是思科只是花了一个星期的时间就作出了并购的决定。可见，思科中意的目标不仅在技术上能创新，在商业模式、管理、业务流程上都要能够创新。所以，创新不是技术本身，而是来自如何利用这个技术，产生新的应用。

再次强调，思科收购的不是公司，而是人。因此，思科将选择那些人员能够留下来的目标公司。当然，思科也会通过满足这些员工的要求吸引他们留在思科。思科系统（中国）网络技术有限公司总裁林正刚说：“并购其实不是并购它的产业而是并购它的人才。有一个衡量并购是否成功的方法，那就是看并购进来的公司有多少高管、人才留下来。目前，我们的数据是70%。我们并购进来的公司的高管今天还留在思科。有什么窍门呢？很重要的一点就是企业文化，我们选择一个公司不光看技术，如果文化差异很大，我们不会去并购。”思科通常会向被收购公司的员工承诺，至少一年内不会解雇他们或强迫他们改变工作岗位。被收购公司员工原有的所有期权安排都将被折算成思科的期权安排，并购一旦完成，他们每人将立即得到一份详尽的关于原公司与思科的各种待遇的对比表格以及思科高管人员的电话和电子邮箱。通常在一个月内，思科会确定被收购公司的每一员工的职能和所有的工作细节，告之谁是其上级及在公司内的隶属关系，并得到思科的工作证件和名片。思科的内部网络工程师将调试他们的电脑，将开机的画面统一至思科的内联网界面上。这往往标志着收购的正式完成。思科在收购中始终注意细节，目的是让过渡期尽可能平稳，并购后尽可能留住更多的员工，并使其尽快地融合不同的企业文化。二十多年来，思科已通过并购网罗了一大批优秀人才，每一次，被收购的公司都与思科融合得很好。例如，思科最大的并购就是兼并光纤设备 Cerent 公司。思科公司让 Cerent 公司销售力量保持独立，其销售人员仍保持他们的账号。同时，Cerent 公司的老板鲁索告诉他的员工：没有他的同意，他们中不会有任何人被解雇。另外，产品设计和营销部门作为独立的业务单元被保留下来，而制造单位被归入现有的思科公司部门。当思科正式接管两个月后，每个 Cerent 公司的员工都有工作、头衔，都知道奖励办法和保健待遇，并直接与思科公司内部的网站相联系。他们中的大多数在合并后，除了发现有新的股票收入外，很难找到有什么变化。销售人员的收入平均增长了 15% ~20%，从而与思科的销售人员的收入相差不多。到目前为止，Cerent 公司的 400 个员工中只有 4 个人离开了公司，而公司也越来越兴旺。

钱伯斯非常强调团队合作，他制定了一系列政策。例如，让所有人 30% 的年度分红跟团队合作挂钩。许多公司中高层同时被安排在几个决策机构上，这也淡化了每个人画地为牢的利己姿态。因此，在选择并购目标时，他希望将目标公司的整个团队移植到思科。

（部分资料来源：思科公司的相关网站及有关思科的新闻报道。）

第七章　知识并购目标知识资产估值分析

知识并购的决策过程中，对目标企业知识资产价值的评估是其中的关键环节。本章概括了知识资产价值评估的主要特点；基于 B-S 实物期权模型和二项式实物期权模型建立了目标企业知识资产价值评估的模型并作了比较分析；根据企业并购决策的实际情况对二项式模型进行了变换改进，提高了该模型的可操作性。本章创新性地提出，在知识并购中，目标企业价值的评估需要对并购双方的条件同时进行评价，而不是传统地仅对目标企业进行评价。

第一节　引言

知识已经成为现代组织主要的价值驱动力。知识型企业并购过程中，目标企业价值的评估是对其定价的基础，也是整个战略并购决策的关键前提。由于知识型企业价值的基础是知识，知识的价值具有高度的不确定性，因此，知识型企业价值的评估不能沿用传统的估值方法，需要探索一种新的方法。同时，新的方法应该建立在现有的价值评估理论的基础上，如 Irving Fisher（1906）的资本价值评估理论及 Modigliani 和 Miller（1958）的价值评估理论（MM 理论）。赵建生和李克华（2002）认为，知识型企业的价值由两部分组成，一部分是企业创新能力价值，另一部分是现有产销能力价值，两部分都是基于折现现金流的方法来计算。虽然在现有的文献中，专门针对知识型企业并购目标价值评估的研究较少，但是国内有许多学者在研究一般企业并购目标价值分析中已经注意到无形资产价值评估的问题，并提出运用实物期权的思想来评估目标企业的价值，如杨学森（2005）、张学超（2006）等。在国外，Buckley 等（2002）利用 B-S 模型对公司 IPO 价值进行了评价；Kellogg 和 Charnes（2000）用二项式模型对生物技术公司的价值进行了估值；Schwartz 和 Moon（2008）用实物期权模型对电子商务公司 Amazon 进行了估值，并指出收入的高增长率解释了其股价的戏剧性上涨；Wu 等（2008）改进了 Schwartz 和 Moon 的实物期权模型，并对 Lotus 软件公司研发投入的价值进行估值，指出研发提供的增长机会是公司价值增长的主要驱动力。研究表明，运用实物期权方法对企业进行价值评估存在一定困难，如输入变量难于确定、假设过于严格、动态复制困难等（张学超，2006）。但是，在不确定性的条件下，实物期权特别有价值，因为它把时间作为一个新信息来解决不确定性问题（Wu et al，2008）。现有的国内外文献中，基于实物期权的估值方法还没有符合企业决策习惯且可操作性较强的方法，本章希望在此方面做些尝试。本章的第二节将分析知识资产价值评估的主要特点。第三节对 B-S 实物期权模型和二项式实物期权模型进行了比较，并根据企业并购决策的实际情况对二项式模型进行了变换改进，提高了该模型的可操作性。第四节通过分析影响知识吸收与整合创新的因素，解释了如何获得改进模型中的概率参数 p 以应用该模型。

第二节　知识型企业价值评估的特点

企业并购中，对目标企业估值有以下共同特点：①估值是对企业全部资产从整体上进行的；②估值是基于企业获利能力的；③估值的重点是企业的未来价值。由于知识型企业与一般企业相比较而言，在资产组成、价值变化等方面具有不同的特点，在对知识型企业进行估值的时候，也体现出以下特点：

一、估值的主要对象——知识资产

知识型企业与一般企业在资产组成方面的明显区别是知识型企业的资产

是以知识资产为主、实物资产为辅的，因此，在对其进行估值时，主要是对其所拥有的知识资产进行评估。Li 和 Tsai（2009）认为，企业的战略知识资产可以分为四类，即核心知识资产、动态知识资产、支持性知识资产和低价值知识资产，并认为知识资产的特性包括有价值、稀缺、不可模仿和没有战略替代物，突出的特征是隐性和动态。知识资产具体表现为技术专利、软件版权、商业秘密、顾客忠诚、协作文化、共享文化等。这些知识资产既具有实体的性质，又具有过程的性质。从静态的观点来看，知识资产是一些实体，如技术专利，我们可以对其进行甄别、分类、组织、挖掘、收集和整理等，而从动态的观点来看，知识资产则是一个在不断地被更新、提高和应用的螺旋式上升的增长过程。因此，可以说知识资产具有波粒二象性。这种性质使知识资产的价值难以稳定在一个确定的数值上。同时，知识资产的作用具有两面性，它与其他资产相结合，可能产生正向的促进作用，也可能产生负向的抑制作用，这种两面性质又增加了知识资产价值的不稳定性。

二、估值的主要障碍——信息不对称

按照 Polanyi 的分类方法，知识分为显性知识和隐性知识，因此，企业的知识资产也可分为显性知识资产和隐性知识资产。隐性知识资产是企业核心竞争力的主要来源（芮明杰等，2008），因此，隐性知识资产才是企业价值的主要构成部分。这部分知识资产既存在于企业成员个体的头脑中，又存在于这些成员相互之间协作的过程中，是一种“网络式知识”。主并企业很难了解到目标企业有关这类知识资产的全部信息，这是因为，一方面，在有些目标企业，即使是决策者自己都不十分清楚这类知识资产的实际状态；另一方面，如果主并企业掌握了这部分知识资产的全部信息，知识资产相对于主并企业的价值也很小了，目标企业不可能让主并企业了解全部信息。因此，信息不对称必然成为隐性知识资产合理估值的主要障碍。

三、估值的主要风险——创新速度

知识资产将随着知识创新的进程而不断进化，知识是动态存在的，知识更新后，原有的知识价值基本上就会消失。目标企业知识资产的价值将因为其他企业的技术进步而被淘汰，一旦被淘汰就可能一文不值。目标企业知识资产估值需要一个过程，在这个价值评估的时间段中，知识还在以一定的速度进化创新，评估的结果是期初的知识资产价值，而期末的知识资产价值可能由于在目标企业内部进化而升值，也可能因其他企业的类似知识进化而贬值。因此，创新速度越快，知识资产估值的风险也越大，反之则越小。

四、估值的评价对象——并购双方

知识并购中，知识资产的未来价值变化不仅取决于目标企业，而且受到主并企业的相关环境和能力的影响。因此对目标企业知识资产进行估值时，不仅要对目标企业的相关因素进行评价，还要对主并企业的相关制度环境（如激励制度）和知识吸收能力等进行评价。最后，要将并购双方的这些评价结果纳入估值模型。

第三节　目标企业估值模型的选择

目前在企业并购理论中得到认同的目标企业估值模型主要有：基于现金流量的估价模型，包括股利折现模型（DDM）和折现现金流量模型（DCF）；基于收益的估价模型（EVA）；基于实物资产的估价法（净资产估价法）；期权估价法；基于乘数的估价模型等。

1973 年，Black、Scholes 和 Merton 提出了金融期权定价理论，为期权理论的发展奠定了基础。1977 年，MIT 斯隆管理学院的 Myers 教授首先认识到金融期权在实物投资决策中的应用，提出可以将实物投资机会看做是投资者所持有的增长期权的思想，认为用期权定价理论来研究实物投资的决策问题可以很好地处理投资过程中的不可逆性、不确定性及管理柔性问题，并将其称为实物期权（Real Option）。知识型企业并购正好就是具有不可逆性和不确定性等特点的决策问题。主并方可以停止执行投入期权，控制损失，也可以通过未来的执行行为，充分获取利润。知识并购的目的是通过知识资产的整合创造出新的知识以提升主并企业的动态能力，也就是说，要获得在未来增长的一种权利。基于这种单一增长期权的企业价值包含两部分：一是由折现现金流法得到的企业现实资产的价值，二是未来增长机会折现得到的实物期权价值，即企业价值 = 现有业务的价值 + 未来潜在业务的价值 = 未来净现金流折现值 + 公司实物期权投资价值。未来净现金流折现值的计算已经有成熟的方法，这里就不再赘述。

基于以上分析，我们可以构造一个知识并购的看涨期权，即期权标的物为目标企业的知识资产；期权费为并购投资的实物期权价值；知识资产的现价为目标企业未来净现金流折现值；协议价格为并购中执行期权的投资额（主并企业完成并购投资需要借入一笔款项，这样可以构成一个实物投资和期权的组合）；标的物价格的波动率为并购后投资回报收益的不确定性；期权有效期为并购投资机会的持续时间；存在一个短期无风险利率或连续无风险收益率（年利率）。公司实物期权投资价值计算有两种模型可以选择，一是现货看涨期权的 B-S 定价模型（Black and Scholes，1973）；二是二项式（二叉树）看涨期权定价模型（Cox et al，1979）。在二项式模型中，当期间数 n 趋向于无穷大时，二项式分布将逼近正态，二项式模型的结果也将逼近 B-S 定价模型的结果，但两种模型还是各有千秋。

一、B-S 看涨期权目标企业估值模型

参照 B-S 模型，提出如下七个假设条件：

（1）目标企业的知识资产为有风险的资产，其现行价格为 S，这种资产

可被自由地买进或卖出；

（2）期权是欧式的，其协定价格为 X，权利期间为 T（以年表示）；

（3）在期权到期日前，知识资产无任何收益的支付；

（4）存在一个固定的、无风险的利率，投资者可以此利率无限制地借入或贷出；

（5）不存在影响收益的任何外部因素，如交易成本；

（6）知识资产价格的波动性为一已知的常数；

（7）知识资产价格的变动符合几何布朗运动。

根据以上假设条件，有以下定价模型：

$$C = SN(d_1) - Xe^{-rT}N(d_2) \quad ①$$

$$d_1 = \frac{\ln\left(\frac{s}{x}\right) + \left(r + \frac{\delta^2}{2}\right)T}{\delta\sqrt{T}} \quad ②$$

$$d_1 = d_1 - \delta\sqrt{T} \quad ③$$

其中：C = 看涨期权的价格，在此为知识并购权利的价值；S = 标的资产的现行价格，在此为目标企业如果不被并购将在未来几年产生的净现金流的贴现总值（如果以并购后的净现金流计算则比较难，但应该比这个值大）；X = 期权的协定价格，在此为执行期权的投资额；r = 无风险利率；T = 以年表示的权利期间的长短，在此为主并企业从尽职调查到作出并购决策这段时间；δ = 标的物价格的波动性，在此为知识资产并入后价值的波动率。

在知识并购中，有些主并企业经常采用并购方式增长，对于前期的并购项目，主并企业可以计算一个经验标的物价格波动率。设有主并企业拟并购某目标企业，目标企业的现值 S 为 4 000 万元，主并企业执行期权的投资额 X 为 5 000 万元，无风险年利率 r 为 5%，并购权利有效期 T 为 2 年，主并企业的经验标的物价格波动率 δ 为 50%，将这些参数代入公式①、②、③，则有：

$$d_1=\frac{\ln\left(\frac{4\ 000}{5\ 000}\right)+\left(0.05+\frac{0.5^2}{2}\right)\times 2}{0.5\times\sqrt{2}}=0.18$$

$$d_2=0.18-0.5\times\sqrt{2}=-0.527$$

$$N(d_1)=0.571\ 4,\ N(d_2)=0.298\ 1$$

$$C=4\ 000\times 0.571\ 4-5\ 000\times e^{-0.05\times 2}\times 0.298\ 1=936.94\ (\text{万元})$$

目标企业的总价值 = 未来净现金流折现值 + 公司实物期权投资价值 = 4 000 + 936.94 = 4 936.94 万元。总价值基本上与并购投入的 5 000 万元持平，考虑到权利有效期设定为 2 年，在并购战略中是比较短的，而期权价值随有效期的延长而加大，因此，这一价值应该还是合理的。

二、二项式看涨期权目标企业估值模型

参照期权定价二项式模型，提出以下假设：某目标企业的净现金流贴现的总值为 S，离期权到期日只有一期（这比较符合并购决策的实际情况），在经过一段时间之后的期权到期日，知识资产的价值既可能因内部知识更新而上涨到原来价值的 u 倍，也可能因其他企业的知识创新而下跌到原来价值的 d 倍，但不可能不变。这两种变化的可能性（即概率）分别为 p 与 $(1-p)$，期权的其他假设与上一模型相同，即有：

$$C=\frac{pc_u+(1-p)c_d}{1+r} \quad ④$$

$$p=\frac{1-d}{u-d} \quad ⑤$$

$$C_u=\max[(u\cdot S-X),0] \quad ⑥$$

$$C_d=\max[(d\cdot S-X),0] \quad ⑦$$

其中：C = 看涨期权的价格，在此为知识并购权利的价值；p = 知识资产可能上涨到原来的 u 倍的概率；$1-p$ = 知识资产可能下跌到原来的 d 倍的概率；C_u = 知识资产价格上涨后的看涨期权价值；C_d = 知识资产价格下跌后的看涨期权价值；r = 无风险利率；u = 知识资产价格上涨为原来价值的倍数；

d = 知识资产价格下跌为原来价值的倍数；X = 知识资产看涨期权的执行价格。

考虑到知识型企业的高成长性，主并企业与目标企业的知识资产成功整合后，这部分知识资产的价值有可能成倍增长（据美国思科公司首席技术官查尔斯·詹卡洛介绍，思科在局域网交换机领域共收购了三家公司，三家收购对象当时共计 200 人，收入则近 1 亿美元，发展到 2004 年，人数达到 2 000人，为思科带来的收入则超过 90 亿美元），因此，我们假设某企业知识并购决策中，知识资产价格上涨为原来价值的倍数 u 为 2，知识资产价格下跌为原来价值的倍数 d 为 0. 5，其他条件同上例，则有：

$C_u = 3\,000$（万元），$C_d = 0$，$p = 1/3$，$1 - p = 2/3$，

$$C = \frac{\frac{1}{3} \times 3\,000 + \frac{2}{3} \times 0}{1 + 0.05} = 952.38 \text{（万元）}$$

目标企业的总价值 = 未来净现金流折现值 + 公司实物期权投资价值 = 4 000 + 952. 38 = 4 952. 38 万元。可见，总价值基本上与并购投入的 5 000 万元持平。

三、目标企业估值模型的可行性分析

由于在知识型企业并购过程中存在着较大的交易成本；知识资产价格的波动率不像金融资产价格那样有涨跌幅度的限制，其波动范围较大，很难稳定在常数水平；目标企业的知识资产不存在一个自由交易的市场价格，其价格的变动也很难满足几何布朗运动的条件，另外，该模型还需要确定一个具体的行权时间，因此，B-S 看涨期权目标企业估值模型的多个假设条件难以满足，模型在实际应用中难度大而将受到限制。

二项式看涨期权目标企业估值模型相对于 B-S 模型而言，数学运算简单，容易理解，也比较容易操作。但是，在知识并购决策实践中，知识资产价格上涨的倍数可以根据其他并购案例参照确定，而知识资产下跌的倍数则很难

确定一个合理的数值，因为这还取决于其他企业的知识创新速度。同时，我们还要将知识并购双方对知识资产价值产生影响的因素纳入估值模型中。而概率 p 可以根据一些影响两个企业知识资产整合创新的相关因素进行预测。因此，我们应该对该模型进行调整，将公式⑤调整为：

$$d=\frac{1-pu}{1-p} \qquad ⑧$$

由公式④、⑥、⑦、⑧共同组成二项式看涨期权目标企业估值模型。

第四节　目标企业知识资产价值变化影响因素分析

并购后的目标企业知识资产有两种处理模式（Wijnhoven et al，2006），一种是保持这部分资产的独立性，主并企业主要通过垄断知识产权加上已经具有的营销优势来获取高额收益（产权控制型并购），例如，一些医药公司并购生物药品研究中心后继续让其独立运作；另一种是将这部分知识资产与主并企业的知识资产整合在一起（知识整合型并购），这将在知识转移和知识整合创新的两个过程中存在较大的不确定性，直接决定了目标企业知识资产价值的变化，大多数知识并购都是采用这一模式。由于前一种模式的分析相对简单，本章将主要分析后一种模式下影响目标企业知识资产价值变化的因素。

国外的并购失败案例中有85%的公司CEO承认，管理风格和企业文化的差异是失败的主要原因；Schuler和Jackson（2001）的研究表明，相当一部分的并购失败都是由于忽视人力资源管理造成的。管理风格和企业文化都是对人共享知识、运用知识和创新知识产生影响的背景机制，这些机制在并购后发生了较大变化，导致人的知识价值发挥不出来，也就是说，知识资产的价值不是增加而是减少，并购自然就会以失败而告终。因此，影响目标企业知识资产价值变化的因素实质上就是影响员工共享知识和创新知识的因素。共享知识和创新知识是员工的一种行为过程，要实现这一过程，首先要激励员工产生完成这一行动的意愿；其次要有促使员工行动的环境和背景机制（Siemsen et al，2008）；最后，员工还必须具备与行动相关的知识基础。这三个要素我们分别用激励、机会和知识距离来表示。

一、激励因素

促进知识共享（转移）和创新的激励因素要从知识所有者和知识需求者两个主体的角度来分析。对于知识所有者，主要通过激励措施破解其对知识的垄断和独占（隔离）动机（心理）；对于知识需求者，主要通过激励措施激发其主动学习和吸收知识的动机。从激励措施的内容的角度看有物质激励和精神激励，王秀红和卓德保（2005）、杨洵和师萍（2005）都认为组织实施精神与物质相结合的激励措施，最有利于个人隐性知识的扩散。刘永强和赵曙明（2005）认为，当公司建立起完善的激励系统或知识市场能为个人带来有效的回报时，组织成员就会很乐意与别人分享知识。

对于知识所有者，其垄断和独占知识的出发点是维护自身在组织中的地位，以免降低声誉和造成相应物质待遇下降。相应的精神激励机制可以是导师制、知识贡献排名制、知识文献署名制、知识贡献奖项的评选机制等；相应的物质激励机制可以是知识贡献积分兑换机制、知识经纪人机制（由组织设立专人负责知识的收集与传送）（陈搏，2009）、导师津贴制和知识贡献晋升机制等。

对于知识需求者，其学习和吸收知识的出发点是提高业绩及其在组织中的地位，以获得物质利益和晋升的机会。相应的精神激励机制有：能力提升排名制、业务能力竞赛制度、技术职称晋升制度等；相应的物质激励机制有：创新成果奖励制度、股权激励制度、以能力为中心的职位晋升机制、学习费用报销制度等。

二、机会因素

促进知识共享（转移）和创新的机会因素要从组织的软环境和硬环境两

方面来分析。软环境主要是指为员工提供知识共享和创新机会的组织文化、高管关注、对知识共享和创新方法的培训体系、对知识共享和创新活动的领导等因素；硬环境主要是指信息和知识管理系统等网上虚拟空间以及共享知识的实体空间，即小型会议室、小型酒吧、集体餐厅、技术小组活动室等。

在组织文化中，信任关系对知识转移和知识创新有着重要影响，信任是建立在共同的价值观和共同的语言基础上的。Patricia（2004）的实证研究说明信任关系越好，知识保护动机越弱；信任关系越强，知识需求方获取知识越多。Landry 等（2002）认为具有高信任程度环境的公司更易创新知识。组织信任关系包括员工之间的信任以及员工与组织之间的信任，这些信任关系都会对知识转移与知识创新产生影响，例如，如果员工不信任组织的知识库，就不会从知识库获取知识，也不会为知识库贡献知识。

三、知识距离

知识距离是笔者在参考文献［93］中提出的一个新概念，知识距离是指新知识的某一信息状态转移到与买方的基础知识实现共同信息最多的新知识信息表达状态的距离，它由知识的编码程度、知识抽象程度和买方的知识基础三个要素决定。在知识交易中，只有当知识距离适当时，才有可能达成交易。Cloodt 等（2006）的研究证明知识并购双方的知识不能太相关，也不能太不相关，如果知识太不相关，买方吸收知识将特别困难；只有当知识具有一定程度的相关性，又有差异性时，知识才能被买方吸收并有利于知识的创新。获取多样化的外部知识，且合理运用这些知识，是公司并购后知识创新的基础。

认知心理学认为，如果需要认知的知识与大脑中的知识组织形式相同，则转移知识的效率就会更高。对知识进行编码和抽象的目的就是要使知识的组织形式与知识接受方大脑里的组织形式趋于一致，促使知识接受方充分掌握并利用知识。在知识并购的知识转移过程中，如果目标企业的知识能够以文档、图表和视频等形式存在，目标企业的员工又能根据主并企业员工大脑中的知识组织形式来编码和抽象知识，那么并购后的知识转移和创新的速度将会加快，知识价值也将得以最大限度地体现。

认知心理学还认为，人的知觉不仅受外部输入信息的影响，而且也受人们已有的、有组织的知识经验的影响，即陈述性知识的图式（通常叫做经验）的影响。要学习知识，就要具备学习知识的能力，因此，在知识并购后的知识转移过程中，主并企业员工的知识吸收能力（知识基础）会成为影响知识能否成功转移继而使知识价值得以体现的重要影响因素，魏成龙和张洁梅（2009）的实证研究也证实了这一点。对企业整体而言，与目标知识相关的管理人员、技术人员、生产人员及产品的数量反映了主并企业的知识基础。

主并企业可以根据激励因素、机会因素和知识距离因素建立知识转移与创新，即目标企业知识资产价值变化可能性的评价矩阵（见下表）。在尽职调查的基础上，由决策小组及外部专家根据评价矩阵进行评分，运用粗糙集理论方法来处理评价数据时可以不用考虑指标权重的设置，数据处理后可以得到一个评价矩阵的总体评分，设这个分数为 A，如果评价表是 Likert 7 分量表，那么，我们可以将 A（$A\in[1,\ 7]$）转化为一个概率值，即 $p=\frac{A-1}{7-1}\times 100\%$，将此值作为公式④、⑥、⑦、⑧共同组成二项式看涨期权目标企业估值模型的已知参数之一的概率 p 即可对并购目标知识资产进行估值。例如，在第二个算例中，主并企业专家对目标企业的评价矩阵的总体评分 A 为 5.2，则 $p=\frac{A-1}{7-1}\times 100\%=\frac{5.2-1}{7-1}\times 100\%=70\%$，将二项式模型中的条件改为已知 p 为 0.7，根据公式⑧有：

$$d=\frac{1-pu}{1-p}=\frac{1-0.7\times 2}{1-0.7}=-\frac{4}{3}$$

$$C_d=\max\left[(d\cdot S-X),\ 0\right]=\max\left[\left(-\frac{4}{3}\times 4\,000-5\,000\right),\ 0\right]=0$$

$$C=\frac{pC_u+(1-p)C_d}{1+r}=\frac{0.7\times 3\,000+0.3\times 0}{1+0.05}=2\,000$$

目标企业的总价值 = 未来净现金流折现值 + 公司实物期权投资价值 = 4 000 +2 000 =6 000 万元。总价值高于并购投入的 5 000 万元，说明此项并购将为主并企业创造价值。

影响知识价值最大化的主要因素

	一级指标	权重	二级指标	权重	分值
目标知识价值最大化的影响因素	机会因素		并购双方的信任关系		
			两个企业在文化上的相似性		
			目标知识与本企业知识集成创新知识的可能性，如知识库能否合并、知识共享场所的多少		
	知识距离		目标知识与本企业现有知识的相关性		
			目标知识隐性化程度		
			主并企业学习吸收目标知识的能力		
			目标企业员工的创新能力		
			目标知识与其组织环境的相关性（嵌入环境的相似程度）		
	激励因素		目标组织的声誉		
			目标企业的盈利水平		
			精神激励机制和物质激励机制		

第五节　本章小结

对企业的未来价值进行评估，不管用什么方法都不可能精确，我们只能设法用较简单的方法尽可能地接近其真实价值。本章在分析知识并购目标企业估值特点之后，对比了两种实物期权估值模型，并对二项式期权估值模型进行改进，以适合企业决策的实际情况，提高模型的可操作性。Rheaume 和 Bhabra（2008）对 1993—2005 年的 2 421 个信息行业并购案例的研究表明，大多数并购相关目标的主并企业都为其股东创造了正向价值，这也从一个侧面证实了本书对二项式期权估值模型改进的有效性。

案例分析

IBM 并购技术服务公司 SPSS 的估值分析

2009 年 7 月 28 日，IBM 宣布计划花费现金 12 亿美元，以每股 50 美元的价格收购技术服务公司 SPSS。同年 10 月 2 日宣布收购成功。这项交易的价格溢价约为 42%，IBM 表示此次收购将增强其捕捉软件产品需求变化的能力，并且提升其商业数据分析能力。SPSS 的 CEO Jack Noonan 说："不管是技术还是市场地位，我们和 IBM 都将这次并购视为高度互补性行为。"IBM 表示，将继续支持和提高 SPSS 的技术，同时向客户提供更广泛的产品组合。交易完成后，IBM 计划将 SPSS 整合到其旗下信息管理软件产品中。

主并企业

IBM，即国际商业机器公司，1911 年创立于美国，总公司设在美国纽约州阿蒙克市，是全球最大的信息技术和业务解决方案公司，其业务遍及 170 多个国家和地区。从 2008 年开始，每年申请专利超过 4 000 项。在过去的 90 多年里，世界经济不断发展，现代科学日新月异，IBM 始终以超前的技术、出色的管理和独树一帜的产品领导着全球信息工业的发展，保证了世界范围内几乎所有行业用户对信息处理的全方位需求。1969 年，阿波罗宇宙飞船载着三名宇航员，肩负着人类的使命，首次登上了月球；1981 年，哥伦比亚号航天飞机又成功地飞上了太空。这两次历史性的太空飞行都凝聚着 IBM 无与伦比的智慧。IBM 在 20 世纪 80 年代的 10 年里使用了 1 000 亿美元的研发经费，开发出了许多电脑技术。目前，仅 IBM 中国开发中心就有 5 000 多位工程师同时进行 Information Management、WebSphere、Lotus、Tivoli、Rational 等 IBM 核心五大品牌软件开发，为客户提供顶级行业解决方案。IBM 在多个重要领域占据着领先的市场份额，包括服务器、存储、服务、软件等。IBM 还在材料、化学、物理等科学领域有很大造诣。硬盘技术即为 IBM 所发明，扫描隧道显微镜（STM）、铜布线技术、原子蚀刻技术也为 IBM 研究院发明。

IBM 的研发部门十分杰出，得过三次诺贝尔奖（1973、1986、1987 年）。2009 年，IBM 营业收入达到 960 亿美元。

目标企业

SPSS（统计产品与服务解决方案）公司创立于 20 世纪 60 年代末。SPSS 公司总部设在美国芝加哥，是一家提供预测和分析的软件技术服务公司。1992 年在纳斯达克上市，股票代码为 SPSS。在全球 100 多个国家和地区都有分支机构或合作伙伴，直系员工超过 2 000 人。1984 年，SPSS 总部首先推出了世界上第一个统计分析软件微机版本 SPSS/PC +，开创了 SPSS 微机系列产品的开发方向，极大地扩充了它的应用范围，并使其能很快地应用于自然科学、技术科学和社会科学的各个领域。迄今 SPSS 软件已有三十余年的成长历史。全球约有 25 万家产品用户，它们分布于通信、医疗、银行、证券、保险、制造、商业、市场研究、科研教育等多个领域和行业，是世界上应用最广泛的专业统计软件。通过一系列的并购，SPSS 公司已经成为在“数据仓库”和“数据挖掘”领域领先的一家综合统计软件公司。公司产品 SPSS 软件是世界上最早采用图形菜单驱动界面的统计软件，它最突出的特点就是操作界面极为友好，输出结果美观漂亮。SPSS 出品的统计软件在各大高校的研究生中知名度颇高，该公司 2008 年的销售额将近 3.03 亿美元。

目标企业知识资产价值分析

（1）应用前景。在信息时代，数据越来越多，海量的数据库每天都在增长，如果不能从中获得或分析出有价值的结论，这些数据就会变得毫无意义，反而成为企业的累赘，这将是企业迫切需要解决的问题。因此，建立在数据分析基础上的业务分析市场蕴涵着巨大的发展机遇。据最新的“IBM 全球 CIO 研究”显示，83% 的受访者将商业智能和分析列为企业的当务之急，即希望能够在海量数据中发现商机并提取出可执行的市场机会，以此获得竞争优势。据 IBM Market Intelligence 的预测，到 2012 年，业务分析软件和服务市场规模将接近 820 亿美元。可见，SPSS 软件知识具有相当大的市场潜力。

(2) 知识整合集成创新的可能性。独立分析师 Curt Monash 表示，预测分析与其他分析或运行技术的集成仍然很不充分。因此，IBM 通过集成将从 SPSS 获取很多价值。在收购 SPSS 之前，IBM 就已经进行了一系列收购活动来增强其在业务分析产品组合方面的实力。其中包括数据分析软件供应商 Exeros、商业智能和绩效管理软件厂商 Cognos、数据归档及法律法规遵从软件厂商 Princeton Softech、内容管理厂商 FileNet、数据集成厂商 Ascential 、变化数据捕捉软件厂商 DataMirror、身份识别软件供应商 SRD、产品信息管理软件厂商 Trigo、客户信息管理厂商 DWL 以及分析软件厂商 Alphablox。OmniFind 是 IBM 原有的分析软件品牌，但该软件功能不够强大，市场份额较小。然而，有了这些知识基础，转移和吸收 SPSS 软件知识就不难，再加上 IBM 本身强大的软件研发能力，将 SPSS 产品集成到其仍在演进之中的 InfoSphere Balanced Warehouse 数据库内的分析路线图中，成功的概率非常大。

(3) 知识整合后的价值。IBM 在并购前的所有软件都是定位在企业方案上的，从 Lotus、Weblogic、数据库到中间件以及各种企业信息化咨询等，包括其提出的“智慧地球”的概念，如果没有成熟的对业务数据库进行预测和分析的工具和技术，“智慧地球”也将是一句空话。另外，只有并购 SPSS 才能在竞争中赢得优势，因为其竞争对手，包括 ORACLE、SAS、SAP 的商业智能解决方案中，都已经具备了完善的数据库分析、挖掘功能，而 IBM 的解决方案中正好缺少预测分析功能，IBM 必须对其产品线进行扩充，最好的方法便是并购。并购后 IBM 在全球预测分析与数据挖掘市场领域的市场份额排名从原来的第 13 位攀升至第 2 位，仅位列 SAS（市场份额 33.2%）之后。可见，SPSS 预测分析软件知识的未来价值相对于 IBM 而言是非常高的。

（部分资料来源：IBM 和 SPSS 公司的相关网站。）

第八章　知识并购目标知识资产定价分析

上一章对知识资产估值进行了分析，但知识资产的具体定价是并购双方力量博弈的结果，要探讨现实定价还需要利用博弈论的思想分析。本章就是利用博弈模型对知识资产的定价过程作进一步的探讨。

第一节　引言

在企业并购的研究中，并购定价一直是理论研究的焦点之一，由于并购双方信息不对称的客观存在，“合理的定价”一直是一种比较艰难的追求。对并购目标为有价值参照物的有形资产的定价都如此困难，对并购目标为没有价值参照物的知识资产的定价就更难了。孙涛（2006）以一般并购为研究对象，研究了在不完全信息条件下，静态和动态两种方式目标公司的博弈定价问题，在分析中运用了双向叫价拍卖模型。邓培林（2006）利用信号传递博弈模型对不完全信息条件下的企业技术并购动态定价决策进行了研究。知识资产是一种较特殊的资产，具有价值不确定性的特点，高汝熹和周波（2008）在考虑知识效用不确定性和信息不对称的基础上，建立了不完全信息的双方叫价的定价博弈模型。但在模型中将知识的价值设定为一个确定的值不符合现实情况，因为知识资产的价值具有相对性，相对于不同的买方，知识资产有不同的价值。Rheaume 和 Bhabra（2008）的实证研究表明，知识并购中卖方股东的价值明显增加，买方股东的价值一般为 0 或正向变化，这说明知识并购增加了买卖双方的价值。现有的博弈模型都只考虑目标组织知识资产现有价值或者其独立发展的未来价值的现值，而没有考虑目标组织的知识资产将因与不同的买方知识资产整合而创造不同的新价值，而这正是知识资产价值不确定性的具体表现。

第二节　完全信息下并购定价博弈模型

假设存在两个博弈方：主并组织 b 和目标组织 s，主并组织对目标组织知识资产的估值为 ν_b，目标组织对自己的知识资产相对于主并组织的估值为 ν_s。两个博弈方都是风险中性的，即一单位期望得益和一单位确定性得益的价值相同。在完全信息条件下，知识并购的双方对目标知识资产的估值信息 ν_b、ν_s 及其创新成本 c_s 是共同知识，同时，不存在第三方的买家或卖家。当 $\nu_b > c_s$ 且价格 $P \in [c_s, \nu_b]$ 时才有可能成交。成交后主并组织的利润为 $\pi_b = \nu_b - P$，目标组织的利润为 $\pi_s = P - c_s$。为达到利润最大化的目的，并购双方在讨价还价过程中，主并组织希望尽可能地压低价格，而目标组织则希望尽可能地抬高价格。

一、三回合讨价还价博弈模型

1. 主并组织具有强势条件下的博弈模型

并购双方讨价还价的规则为：主并组织先出价，目标组织决定拒绝或是接受报价，如果接受报价则博弈结束，如果拒绝并还价则进入下一轮博弈；目标组织还价，主并组织决定接受或是还价，如果接受则结束博弈，如果拒绝并还价则进入下一轮博弈；循环进行讨价还价博弈。每一轮出价都处于区间 $[c_s, \nu_b]$，设 $A = \nu_b - c_s$，那么 A 就是并购双方在讨价还价中争夺的那部分利益。每一轮讨价还价都需要耗费一定的时间，由于知识更新的影响，知识资产对于主并组织的价值，即主并组织对目标知识资产的估值会随着时间的拖延而减少，假设每一轮减少的比率是相同的，都为 δ（知识更新速率），且 $0 < \delta < 1$。

设博弈只有三个回合：第一回合，主并组织的出价在争夺的利益 A 中占有 s_1，目标组织则占有 $A-s_1$，目标组织决定接受或拒绝，如果接受则博弈结束，如果拒绝并还价则进入下一轮博弈；第二回合，目标组织还价，在争夺的利益 A 中占有 $A-s_2$，主并组织占有 s_2，如果主并组织接受则博弈结束，并购双方的得益分别是主并组织 δs_2、目标组织 δ（$A-s_2$），如果主并组织拒绝并还价则进入下一轮博弈；第三回合，主并组织出价，在争夺的利益 A 中占有 s，目标组织则占有 $A-s$，此时，目标组织必须接受报价，并购双方的得益分别是主并组织 $\delta^2 s$、目标组织 δ^2（$A-s$）。根据参考文献［151］第 148 页的结论，这个博弈的子博弈完美纳什均衡解为：主并组织在第一回合报价争夺的利益 A 中占有 $s_1=A-\delta A+\delta^2 s$，目标组织接受，主并组织的得益为 $A-\delta A+\delta^2 s$，目标组织的得益为 $\delta A-\delta^2 s$。目标组织除创新成本之外还得到了 $\delta A-\delta^2 s$ 的知识资产增值收益，那么成交价格则应该为：

$$P=c_s+\delta A-\delta^2 s \quad ①$$

将 $A=\nu_b-c_s$ 代入①式，则有：

$$P=c_s+\delta(\nu_b-c_s)-\delta^2 s \quad ②$$

由于 $s\in[c_s,\nu_b]$，因此可以设 $s=p(\nu_b-c_s)$，$0\leqslant p\leqslant 1$，并将 s 代入②式，则有：

$$P=c_s+\delta(\nu_b-c_s)-\delta^2 p(\nu_b-c_s) \quad ③$$

由于博弈规则设定在第三回合，目标组织必须接受报价，那么在第三回合，主并组织的出价中必定要占有全部 A，即 $p=1$，此时，$\max_\delta[c_s+\delta(\nu_b-c_s)-\delta^2(\nu_b-c_s)]$，当 $\delta=\frac{1}{2}$时，成交价格 P 有极大值 $P=c_s+\frac{1}{4}(\nu_b-c_s)$，也就是说，在主并组织具有强势条件下的时候，目标组织最多能得到的知识资产增值收益只能为$\frac{1}{4}(\nu_b-c_s)$。

2. 目标组织具有强势条件下的博弈模型

我们现在将博弈规则设定为由目标组织先出价，其他设定不变，那么在

第三回合，主并组织必须接受报价，目标组织的出价中必定要占有全部 A，即 $p=0$，此时，$P=c_s+\delta(\nu_b-c_s)$，成交价格取决于知识更新速率 δ。δ 是由本知识领域创新的速度决定，主并组织和目标组织只是被动地接受，单个组织无法决定（类似于完全竞争市场中企业对价格的接受）。在目标组织强势的条件下，知识更新速度较慢，δ 值较大，目标组织得到的知识资产增值收益越多；相反，知识更新速度较快，δ 值较小，目标组织得到的知识资产增值收益越少。这一结论与社会现实基本相符。

二、双方力量均衡的无限回合讨价还价博弈模型

并购双方都不具有强势的条件下，即无限回合讨价还价博弈在第三回合并不会强制结束，只要双方互不接受对方的报价方案，则博弈就要不断进行下去，奇数回合由主并组织报价，目标组织选择是否接受；偶数回合由目标组织报价，主并组织选择是否接受。这就是说，主并组织与目标组织双方势均力敌的时候，谁也不具有强势。该博弈规则中的其他设定同上。根据参考文献［151］第 150 页的结论，这个博弈的子博弈完美纳什均衡解为：主并组织在第一回合报价争夺的利益 A 中占有 $s_1=\frac{1}{1-\delta}$，目标组织接受，主并组织的得益为$\frac{A}{1-\delta}$，目标组织的得益为$\frac{A\delta}{1-\delta}$。也就是说，并购定价为：

$$P=c_s+\frac{A\delta}{1-\delta}=c_s+\frac{\delta}{1-\delta}(\nu_b-c_s) \quad ④$$

当知识更新速率 $\delta\to1$ 时，也就是知识更新速度很慢、接近停滞时，并购成交价格为 $P=c_s+\frac{1}{2}(\nu_b-c_s)$，并购双方均分知识资产增值收益，这也是由双方力量均衡决定的结果。当知识更新速率 $\delta\to0$ 时，也就是知识更新速度很快，知识资产很快就可能被更新时，成交价格接近知识的创新成本，即为 $P=c_s$。

综合前面的分析，我们发现知识更新的速度给社会提出了一个难题，即当知识创新速度加快时，知识被更新的速度很快，知识创新的投入回报越低，这就会使投入到知识创新的资本减少；此外，缺乏资本的投入，知识创新就会缺乏物质的支撑，知识创新的速度就会减慢，这种现象可以称为“知识创新悖论”。围绕电脑处理器（CPU）的知识创新速度经过近二十年加速之后逐渐降下来的原因可能就在于此。因此，在商业领域，任何知识创新都可能很难长期维持一个较快的知识创新速度，适当的知识更新速度有利于保持资本投入的积极性。

第三节　不完全信息双向报价拍卖定价

在知识并购中，买卖双方对知识资产的估值属于他们各自的私人信息，相互对对方的估值都不完全清楚。不完全信息条件下，两博弈方对目标组织知识资产的估值 v_b 和 v_s 是相互独立的，各博弈方都知道自己的估价和另一方估价的概率分布。主并组织吸收创新知识的能力是属于自己清楚但目标组织不完全清楚的私人内部信息，这一能力从弱到强分布，并直接影响知识资产的实际使用价值，但以此为基础形成的对目标组织知识资产的估计价值 $v_b \sim U[0, a]$ 是共同信息；目标组织知识资产的创新成本也是属于自己清楚但主并组织并不完全清楚的私人内部信息，但以此为基础形成的对其知识资产的估计价值 $v_s \sim U[0, h]$ 是共同信息。目标组织和主并组织分别报 P_s 和 P_b，当 $P_s > P_b$ 时，则不成交；当 $P_s \leq P_b$ 时，则成交。双方通过对信任关系和知识距离的评价决定一个价格调整系数 λ。因此，最后的成交价格 P 就可以表示为下式：

$$P = P_s + \lambda (P_b - P_s) = \lambda P_b + (1 - \lambda) P_s \quad ⑤$$

由于主并组织转入知识时需耗费成本，因此其希望实际支付的价格要小于目标组织知识资产的使用价值减去转移成本后所得额。我们可以视其要在估值的基础上打一个折扣，但目标组织也会有一部分有形资产（这也是共同信息），因此，主并组织的出价至少不会低于目标组织有形资产的价值，可以将其出价策略限定为线性函数策略 $P_b(\nu_b)=\alpha_b+\beta_b\nu_b$。目标组织创新知识要耗费成本，目标知识资产的价格至少要弥补这部分成本及有形资产价值，再获得一部分利润，因此，目标组织的出价策略也可限定为线性函数策略 $P_s(\nu_s)=\alpha_s+\beta_s\nu_s$。由于 $\nu_b\sim U[0,a]$ 和 $\nu_s\sim U[0,h]$，因此，$P_s(\nu_s)$ 和 $P_b(\nu_b)$ 分别标准分布于 $[\alpha_s,\alpha_s+\beta_s h]$ 和 $[\alpha_b,\alpha_b+\beta_b a]$。

以下不完全信息静态博弈存在贝叶斯均衡解，在贝叶斯均衡解中，主并组织和目标组织双方的最优报价（P_s^+，P_b^+）都将最大化自己的期望利润。

那么，主并组织的最优报价是下面主并组织目标函数的最优化解：

$$\max_{P_b}E(\pi_b)=\max_{P_b}\{\nu_b-[\lambda P_b+(1-\lambda)E(P_s\mid P_s\leqslant P_b)]\}\operatorname{prob}(P_s\leqslant P_b) \tag{⑥}$$

因为 $\operatorname{prob}(P_s\leqslant P_b)=\operatorname{prob}(P_b\geqslant\alpha_s+\beta_s\nu_s)=\operatorname{prob}\left\{\nu_s\leqslant\frac{P_b-\alpha_s}{\beta_s}\right\}=\frac{P_b-\alpha_s}{h\beta_s}$ ⑦

所以 $E(P_s\mid P_s\leqslant P_b)=\int_{\alpha_s}^{P_b}\frac{1}{h\beta_s}\frac{h\beta_s}{(P_b-\alpha_s)}x\mathrm{d}x=\frac{(P_b+\alpha_s)}{2}$ ⑧

将⑦和⑧式代入⑥式可得：

$$\max_{P_b}\left\{\nu_b-\left[\lambda P_b+\frac{1}{2}(1-\lambda)(P_b+\alpha_s)\right]\right\}\frac{P_b-\alpha_s}{h\beta_s} \tag{⑨}$$

求⑨式的极值一阶条件，得到：

$$P_b{}^*=\frac{\nu_b+\lambda\alpha_s}{1+\lambda} \tag{⑩}$$

目标组织的最优报价是下面目标组织目标函数的最优化解：

$$\max_{P_s}E(\pi_s)=\max_{P_s}\{[\lambda E(P_b\mid P_b\geqslant P_s)+(1-\lambda)P_s]-\nu_s\}\operatorname{prob}(P_b\geqslant P_s) \tag{⑪}$$

因为 $\operatorname{prob}(P_b\geqslant P_s)=\operatorname{prob}(P_s\leqslant\alpha_b+\beta_b\nu_b)=\operatorname{prob}\left\{\nu_b\geqslant\frac{P_s-\alpha_b}{\beta_b}\right\}=1-\frac{P_s-\alpha_b}{a\beta_b}$ ⑫

所以 $E(P_b \mid P_b \geqslant P_s) = \int_{P_s}^{\alpha_b + a\beta_b} \frac{1}{a\beta_s} \frac{a\beta_s}{(a\beta_b - P_s + \alpha_b)} x\mathrm{d}x = \frac{(P_s + \alpha_b + a\beta_b)}{2}$　⑬

将⑫和⑬式代入⑪式，可得：

$$\max_{P_s}\left\{\left[\frac{1}{2}\lambda\ (P_s + \alpha_b + a\beta_b) + (1-\lambda)\ P_s\right] - \nu_s\right\}\frac{a\beta_b + \alpha_b - P_s}{a\beta_b} \quad ⑭$$

求⑭式的极值一阶条件，得到：

$$P_s{}^* = \frac{[\ (1-\lambda)\ (\alpha_b + a\beta_b)\ + \nu_s]}{2-\lambda} \quad ⑮$$

将⑩式和⑮式与线性函数策略 $P_b(\nu_b) = \alpha_b + \beta_b\nu_b$ 和 $P_s(\nu_s) = \alpha_s + \beta_s\nu_s$ 相对照，可得：

$$\alpha_s = \frac{1}{2}(1-\lambda)\ a,\ \beta_s = \frac{1}{2-\lambda},\ \alpha_b = \frac{\lambda\ (1-\lambda)}{2\ (\lambda+1)}a,\ \beta_b = \frac{1}{1+\lambda}$$

因此即有：

$$P_b{}^* = \frac{\lambda\ (1-\lambda)}{2\ (\lambda+1)}a + \frac{1}{1+\lambda}\nu_b \quad ⑯$$

$$P_s{}^* = \frac{1}{2}(1-\lambda)\ a + \frac{1}{2-\lambda}\nu_s \quad ⑰$$

讨论：

（1）当 $\lambda = 1$ 时，$P_b{}^* = \frac{1}{2}\nu_b$，$P_s = \nu_s$，成交价格 $P = P_b^* = \frac{1}{2}\nu_b$，同时，根据 $P_s \leqslant P_b$ 的成交规则，有 $\nu_b \geqslant 2\nu_s$。

$\lambda = 1$ 表示主并组织对目标组织完全信任，在对知识距离进行评估后认为知识距离较小，完全可能全部转移并成功整合创新，很有信心在并购后创造新产品并取得很好的业绩，因此，对目标组织知识资产的估值在目标组织自己估值的两倍以上，主并组织方认为只用估值的一半的价格就可获得目标组织，同时，目标组织认为并购价格已经远大于自己对知识资产的估值，并购双方都对此并购价格满意，属于皆大欢喜式的并购定价。这种情形的并购一般是发生在并购双方有多年的业务往来，彼此比较了解，并且目标组织的知识资产将对主并组织的知识创新发挥重要作用的情况下。

（2）当 $\lambda=0$ 时，$P_b^*=\nu_b$，$P_s^*=\frac{1}{2}(a+\nu_s)$，成交价格 $P=P_s^*=\frac{1}{2}(a+\nu_s)$，同时，根据 $P_s\leqslant P_b$ 的成交规则，有 $\nu_b\geqslant\frac{1}{2}(a+\nu_s)$。

主并组织的最优报价是其对目标组织知识资产的估值。目标组织的最优报价是主并组织的最大估值与自身估值之和的一半，成交价格也是这一值。这说明目标组织采用了一种折中的办法来报价，希望能够尽快成交。而 $\lambda=0$ 则意味着主并组织对目标组织完全不了解、不信任，对知识距离进行评估后认为知识距离较大，知识资产很难转移并整合创造新的知识，并购后的绩效可能很不理想，风险较大。因此，主并组织对目标组织知识资产的估值也不高，愿意以实际估值并购目标组织，但估值必须高于或等于目标组织的出价才能成交。并购双方对并购价格都不太满意，双方属于“强扭的瓜”。这种情形的并购一般发生在目标组织找不到好的主并组织，自身又难以为继，而主并组织的现有业务日渐衰落，需要通过并购进入一个新的高科技领域，只好找一个相对便宜的目标组织冒险发展的情况下。并购的双方很可能原来就不在同一个行业或领域，相互之间了解很少，因此很难达成一个满意的最优报价。

（3）当 $\lambda=\frac{1}{2}$ 时，$P_b^*=\frac{2}{3}\nu_b+\frac{1}{12}a$，$P_s^*=\frac{2}{3}\nu_s+\frac{1}{4}a$，成交价格 $P=\frac{1}{3}\nu_b+\frac{1}{3}\nu_s+\frac{1}{6}a$，同时，根据 $P_s\leqslant P_b$ 的成交规则，有 $\nu_b\geqslant\nu_s+\frac{1}{4}a$。

$\lambda=\frac{1}{2}$ 意味着主并组织与目标组织之间建立了一定的互信，双方都愿意作出一定的让步，都对并购价格协议的达成充满期待。同时，并购双方都对本组织的估值比较满意，因此，相对 $\lambda=0$ 时，双方的最优报价中都提高了本组织估值的比重，减少了公开信息 a 的比重。

第四节　并购双方说实话的直接机制设计

一、直接机制的初步设计

上述分析表明，在完全信息条件下，只要知识更新速率 δ 能够确定，并购双方对于如何分配知识资产的增值收益比较容易达成共识，双方能够在较短时间内达成并购价格及相关协议。在不完全信息条件下，并购双方通过对非价格信息相互交换、沟通，建立互信，以了解对方估值信息的可信程度，最后才可能对并购价格达成一致。两种情况相比较，显然完全信息条件要比不完全信息条件的效率高，为并购双方及社会节省了交易成本。那么，如何让并购双方在价格谈判一开始就披露自己的真实信息呢？这就涉及博弈定价规则的设计问题。如果规则设计能够使并购双方都知道遵从规则且披露真实信息是最优选择，而违背规则是次优选择，那么并购双方就会理性地选择披露真实信息 ν_b 和 ν_s，$\nu_b>\nu_s$，$\frac{\nu_b}{2}>\frac{\nu_s}{2}>C_s$。

根据 Myerson（1979）的揭示原理，任何贝叶斯博弈的任何贝叶斯纳什均衡，都可以被一个激励—相容的直接机制“代表”。我们假设在双方报价并购价格决策中，主并组织和目标组织同时声明各自对目标知识资产的估值分别为 ν_b'和 ν_s'，主并组织以概率 $q_b(\nu_b', \nu_s')$ 支付价格 $P_b(\nu_b', \nu_s')$ 买下目标组织。

$$q_b(\nu_b', \nu_s') = \frac{\nu_b'}{\nu_b'+\nu_s'} \tag{18}$$

⑱式表示主并组织喊价越高，越有可能实现并购的目的。而并购的价格也是由双方声明的估值所决定的，即：

$$P_b(\nu_b', \nu_s') = \frac{\nu_b'+\nu_s'}{\theta} \tag{19}$$

θ 是并购双方利益分配的参数，其数值正是决定并购双方说真话是否能成为贝叶斯纳什均衡的关键。⑱和⑲式构成了并购双方在价格谈判一开始就披露自己的真实信息的机制，此机制中的关键是 θ 的确定。

二、直接机制参数的确定

假设主并组织和目标组织对目标知识资产的估值声明是各自真实估值的一定比例，即 $\nu_b{}'=d\nu_b$，$\nu_s{}'=b\nu_s$，也就是说，并购双方的声明都是线性齐次的。那么，主并组织声明 $\nu_b{}'$的期望得益为：

$$Eu_b=\frac{\nu_b{}'}{\nu_b{}'+\nu_s{}'}\times\left(\nu_b-\frac{\nu_b{}'+\nu_s{}'}{\theta}\right)=\frac{d\nu_b}{d\nu_b+b\nu_s}\times\left(\nu_b-\frac{d\nu_b+b\nu_s}{\theta}\right) \quad ⑳$$

对于主并组织而言，均衡条件就是选择恰当的 d 值使得自身的得益最大化，即

$$\max Eu_b=\max_d\left(\frac{d\nu_b^2}{d\nu_b+b\nu_s}-\frac{d\nu_b}{\theta}\right) \quad ㉑$$

㉑式的一阶偏导条件 $d=\frac{\sqrt{\theta b\nu_b\nu_s}}{\nu_b}-\frac{b\nu_s}{\nu_b}$或 $\theta=\frac{(d\nu_b+b\nu_s)^2}{d\nu_b\nu_s}$。

从目标组织声明 $\nu_s{}'$的期望得益最大化的分析同样可得 $\theta=\frac{(d\nu_b+b\nu_s)^2}{d\nu_b\nu_s}$。

主并组织和目标组织说实话表示各自声明的估值就是其真实估值，即 $\nu_b{}'=\nu_b$，$\nu_s{}'=\nu_s$，意味着 $d=1$，$b=1$，此时有：

$$\theta=\frac{(\nu_b+\nu_s)^2}{\nu_b\nu_s} \quad ㉒$$

并购定价即为：

$$P=\frac{\nu_b\nu_s}{\nu_b+\nu_s} \quad ㉓$$

由于 $\nu_b>\nu_s$，因此$\frac{\nu_s}{2}<P<\frac{\nu_b}{2}$。

当并购定价规则设定为并购定价等于双方声明的目标知识资产估值之和

去除估值之积时，并购双方声明的估值是真实的。这一定价比目标组织的估值的一半要大，比主并组织估值的一半要小。

第五节　本章小结

本章运用博弈分析方法对知识并购的定价展开了研究，首先分析了完全信息条件下，在主并组织强势、目标组织强势及并购双方力量均衡三种情况下的定价博弈模型；其次分析了不完全信息条件下定价博弈的基本模型，并讨论了在并购双方完全信任、完全不信任和有一定互信基础三种情况下的并购定价；最后根据前面的分析结论，探讨设计出一个让并购双方说出对目标知识资产真实估值的直接机制。这些分析结论基本上符合知识并购定价博弈的实际情况，能够对知识并购的实践提供理论支持。

案例分析

博瑞传播收购梦工厂的定价分析

2009 年 6 月，成都博瑞传播股份有限公司（以下简称“博瑞传播”）成功收购成都梦工厂网络信息有限公司（以下简称“梦工厂”）100% 的股权，支付人民币 4.41 亿元。这一并购在合并报表中形成商誉 41 506.47 万元，这是博瑞传播并购的初始投资成本大于公司享有的梦工厂可辨认净资产公允价值份额的部分，在合并报表中反映出来的价值，这部分实际上是梦工厂的知识资产价值。并购后，从战略上看，博瑞传播完成了由平面媒体经营业务向综合性多媒体经营业务的转变，形成了以传统媒体经营业务和新媒体业务为战略支撑的发展模式。

主并公司

博瑞传播是上海证券交易所正式挂牌的上市公司（SH600880）。博瑞传播自 1999 年实施重大重组以来，坚持对产业结构进行优化调整，通过参股、控股及重大资产置换，注入具有高成长性和高回报率的优质传媒经营资产，完成了产业转型和升级，确立了公司传媒经营主业的发展优势。截至2010年3月底，公司总资产达21.24亿元、净资产达13.68亿元，在文化传播行业的上市公司中以其综合效益指标排名第一。公司下辖17家子（分）公司、4家参股公司，拥有都市日报、财经日报、汽车杂志、城市电视台、户外广告、互联网等主流媒体，广泛采用媒介代理、数据库营销、市场研究、公关活动、创意策划等多种媒体经营形式，并着手打造网络游戏、娱乐传媒、文化创意、教育、餐饮等延伸产业经营链，是西部地区整合传播的优质平台。

目标公司

梦工厂（Dreamwork net co. ltd）成立于2002年12月，注册资本为900万元，被博瑞传播收购前，公司股东均为自然人，其中董事长兼总经理裘新持股37%，其余4人共持股63%。经过五年的发展，梦工厂形成了比较成熟的研发和运营团队，旗下拥有《侠义道》、《侠义道Ⅱ》、《新侠义道》、《棋魂》和《圣斗士OL》等五款游戏以及梦游基地棋牌大厅。2008年底总资产达1亿元、净资产达8 451万元、销售收入达9 540万元，尽管只占全国市场份额的0.5%，却是西南地区最大的网游开发运营商。旗下网络游戏产品和图形互动集群社区拥有完整的自主知识产权。自主研发、自主运营、联合运营、全球代理并重，向全球互联网用户提供包括大型多人在线角色扮演游戏（MMORPG）、网络图形互动集群社区、大型休闲网络游戏、棋牌网络游戏大厅等在内的高品质、全方位的娱乐体验。公司打造的经典武侠网络游戏产品"侠义道系列"，其独特的游戏特点符合了长期以来人们对武侠文化的认识以及武侠文化的理念和行为习惯，并把一种真实的武侠生活带入了玩家的生活中，让人们去体会江湖的爱恨情仇，使人们流连忘返。加上梦工厂独创的运营模式，与腾讯、新浪、TOM、联众、中游 、迅雷等十多家国内知名游戏平台共同联合运营，产品已经签约出口到北美、欧洲、东南亚、印度以及我国台湾、香港等全球42个国家和地区。截至2009年7月，其拥有注册用户达到1.9亿。

目标知识资产

梦工厂拥有一支具有国际化理念并在游戏行业拥有丰富经验和执行能力的管理团队，公司的知识资产主要表现在两个方面的能力上，一是开发游戏产品的能力。梦工厂经过多年积淀，已经拥有成熟的以及经过市场检验的2D、2.5D、3D引擎技术。除了现有的五种游戏产品之外，还有大型图形社区“梦游岛”，《侠义世界》、《侠义道Ⅲ》游戏也在研发中。二是运营游戏产品的能力。梦工厂以《侠义道》成名，利用联合运营的模式使该产品盈利保持了6年的高速增长，显而易见，梦工厂的程序、策划和运营实力已得到市场认可。梦工厂在运营的所有产品都是盈利状态，这证明了梦工厂对网络游戏产品有着深刻的理解，并有能力把控产品的研发和运营，这也是一种“技术”。但这两种能力都是由整个团队承载的，裘新曾经表示：“外界计算出来的我的身价，其实是我们整个团队的身价。”梦工厂的知识资产的赢利能力非常强，据知情人士透露：“在梦工厂的收入中，利润确实高达70%～80%。”

知识资产定价过程

4.41亿元的收购价实际上是一个初步拟定的价格，最终价格需要根据梦工厂在2009年度及此后三个年度的净利润来调整。4.41亿元的收购价格是基于梦工厂在2008年度的利润总额和PE值（本益比）计算出来的，2008年，梦工厂的净利润在5 800万左右，按照双方谈判的结果，PE值在7～8倍之间。两者相乘的结果就是4.41亿元。由于前一年度的利润是已知的，这样，并购定价过程实际上就是对PE值的确定过程。首先，确定这个PE值与双方的信任关系直接相关。在此次并购前，在纳斯达克上市的盛大、完美时空都对梦工厂表示强烈的兴趣。尤其是注重研发的完美时空，先后与裘新进行了几轮谈判。可是由于估值差异大，都没有成功。而梦工厂所在地离博瑞传播隶属的成都传媒集团相隔不过300米，双方沟通很容易，用裘新的话来说就是“双方团队能够很方便地联系到对方从董事长到会计的各个层面的负责人，大家一起吃顿火锅，用四川话摆下龙门阵，很多疑虑都消除了。如果是外地企业，见一下CEO需要预约，飞来飞去，很难充分沟通”。其次，博瑞传播与梦工厂的知识距离接近，博瑞传播也是从事媒体行业经营的，对网络媒体比较容易接受，并且两种媒体经营知识还有整合的空间，可以创造更大的价值，符合知识价值最大化的需要。最后，收购款的支付方式为知识价值的最大化提供了激励，博瑞传播将以货币方式分四期支付转让款，支付比例分别为转让价款的50%、20%、15%、15%，并在股权转让款支付中提出了激励要求。具体为：第二期、第三期、第四期股权转让款的支付与梦工厂2009年至2011年计划实现的净利润目标挂钩，分别将在博瑞传播委托审计机构就梦工厂2009、2010、2011年度财务报表出具正式审计报告后15日内支付。若每一年度不能按计划完成净利润目标值，则按双方约定的方式相应减少每一期的股权转让价款的支付。对此，成都梦工厂也对未来三年的业绩作出了相应承诺，即以审计报告确定的梦工厂2008年度净利润值5 800万元为基础，2009、2010、2011年度净利润目标值分别较前一年增长不低于30%。另外，三年以后梦工厂如果分拆上市，裘新仍有20%的期权。梦工厂2009年度的净利润为7 758.77万元，同比增长32.96%，扣除根据公司与裘新订立的股权转让协议所约定的非经常性损益后的净利润为7 609.89万元，超过股权转让协议所约定的2009年度目标净利润值为69.89万元（目标净利润值为7 540万元），公司即按超过部分的8.7倍调整公司与裘新的股权转让款608.05万元，调整后公司与裘新的股权转让总价款为17 022.05万元，全部股权转让款调整为44 708.05万元。根据2010年和2011年的利润的实际数据，并购价格还将进一步调整。

（部分资料来源：博瑞传播和梦工厂的相关网站及其年度报表。）

第九章　知识并购的整合分析

知识型企业并购的主要整合对象是双方的知识资产，而知识资产并不像实物资产那样可以通过简单的所有权划转即可完成整合，它需要经过复杂的辨析、分类、共享、内化等过程才能完成整合。在知识资产的整合过程中还将受到多种因素的制约和影响，整合的过程和结果都存在较大的不确定性，因此，并购双方都将为此承担风险。

第一节　引言

并购中的知识转移和整合问题已经引起了国内外众多学者的关注和研究。Datta（1991）认为，并购双方的文化差异将对知识转移产生阻碍，最终将导致并购的财务绩效低下。Coff（1999）认为，并购要实现专业化、成本节省和利用经验曲线等目标，前提是必须完成知识转移。Carrillo 和 Anumba（2002）的研究表明，在并购的背景下，知识转移的障碍主要包括以下因素：①知识本身的性质，知识越具黏性，则越难转移；②员工对工作成果的顾虑，知识被看做权力的保障，特别是在知识密集型企业，员工不愿共享知识；③环境的不确定，并购后的环境复杂性推动员工保留知识以保障工作岗位，一旦共享知识就有可能被其他员工所替代。Bresman 等（1999）研究了国际并购中的知识转移问题，认为沟通、访谈和会议会使知识转移变得更为容易，知识转移的效果与知识的明晰程度直接相关，并通过案例证实：在并购初期主要是知识从并购企业到目标企业的单向转移，一段时间后变成了双向的高质量的知识转移，但并购双方互动的知识转移对并购价值创造的影响最大。Grant（1996）在探讨隐性知识整合问题时，提出了隐性知识整合的四种方法：一是通过规则来规范个体间的互动；二是通过制订共同计划来整合；三是通过组织惯例进行整合；四是通过共同解决问题的决策整合。于培友和奚俊芳（2006）建立了转移主体、转移情境、转移内容和转移媒介的并购后知识转移的分析框架，并认为技术的隐含性和组织的依赖性对技术转移的影响最大。励凌峰和黄培清（2005）认为，在并购整合过程中，通过知识整合来使企业具备独特的、不可仿制的能力才是在并购中创造价值的真正源泉，也是实现协同效应的主要途径。王立新和董平军（2006）认为，并购中知识整合冲突的内在原因是企业间的异质知识存量、隐性知识的转移困难以及企业的认知方式和吸收能力。侯汉坡和刘峰（2007）认为，在知识整合的过程中要抓住三个重点：一是对目标企业知识进行识别和分类管理；二是利用多种管理方式促进知识整合；三是通过有力的激励措施促进知识整合。以上学者都认为对于并购中的知识要进行分类整合。

综合现有的文献，学者们对并购中的知识转移和整合有以下三点共识：①隐性知识是知识转移和整合中的难点；②由于并购双方的员工都要面对一个新的工作环境，环境的不确定性使知识转移和整合的动力不足；③不同的知识要选择不同的方式来转移和整合。因此，并购后的知识识别和分类很有必要。但是目前的研究也存在以下不足：一是现有的研究基本上都是针对并购后的既成事实展开分析，没有将知识转移和整合的问题纳入整个并购的战略中来考虑；二是对知识并购中知识转移和整合的影响因素没有形成一个清晰的分析框架；三是目前的研究中实证分析的文献还比较少，理论分析的文献较多，因此，其应用价值还需要进一步证实。

第二节 知识转移和知识整合

谭大鹏和霍国庆等（2005）在综合了国内外有关知识转移的文献后认为，知识转移具有三个方面的特征：①知识转移是知识从知识源向知识接受方传播的过程；②知识转移在特定的环境中发展，这种环境往往是指可控的环境，是知识转移的三方（知识源、接受方和第三方，如咨询方、知识经纪人或者管理部门）共同设计的，是有利于知识快速有效转移的技术平台、组织结构和文化机制等有形和无形要素的总体；③知识转移的最终目的，是使知识源的知识成为知识接受方的知识，缩小二者在知识方面的差距。基于此，他们将知识转移定义为：知识转移是在受控环境中实现知识从拥有者向接受者的传播，从而缩小人类个体或者组织之间的知识距离并促进人类共同发展的过程。

知识整合就是运用科学的方法对不同主体、不同层次和不同内容的知识进行综合和集成，使个体的、低层次的、价值降低的知识经过整合形成集体的、高层次的、高附加值的新知识体系。知识整合并不是知识的简单相加，而是在整合过程中创造新的知识，提高组织的动态竞争能力，这才是知识整合的本质。表 9－1 对知识分享、知识转移和知识整合的概念作了比较分析。

表 9－1　知识分享、知识转移和知识整合的概念比较

比较项目	知识分享	知识转移	知识整合
参与主体特征			
参与层面	个人	团队、组织	个人、团队、组织
参与方式	一对一、一对多	一对一	多种
知识源	确定且已知	确定且已知	不确定
知识源参与程度	大	大	大
接受方参与程度	大	大	大
知识内容			
知识内容	显性知识和隐性知识	显性知识和隐性知识	显性知识和隐性知识
行为特征			
规范程度	规范或者不规范	规范	不规范
行为性质	自愿、有意识	有意识	有意识
行为的互动性	单向和双向交流	双向交流	单向和多向交流
交换特征	社会交换、经济交换	经济交换	不强调
跨时空特征	不确定，一般较小	不确定，一般较小	一般较大
媒介			

（续上表）

比较项目	知识分享	知识转移	知识整合
主要媒介	面对面、IT、文本	面对面、IT、文本	大脑
媒介富裕度	由知识内容而定	由知识内容而定	高要求
环境			
环境影响程度	大	大	大
主要环境因素	组织、文化、物理	组织、文化、物理	组织、社会、机遇
效果评估			
所有权	双方共同占有	依据双方协议规定	创新者或组织所有
转移速度	不确定，一般较快	强调时效性，快	创新速度不确定
效果评估主体	分享双方或第三方	转移双方	组织

（资料来源：谢荷锋. 企业员工知识分享中的信任问题实证研究. 浙江大学博士学位论文，2007. 在此基础上本书作者作了修改）

通过比较后，我们会发现在组织内部，知识转移与知识分享基本上没有差别，由于两个组织并购后成为一个组织，因此，本文中对知识转移和知识分享不作区分。

第三节　并购后知识转移和整合的环境

在有关知识管理的文献中已经对组织内部的知识共享和整合作为了大量的研究，这些研究成果可以作为组织并购后知识转移和整合研究的基础。但是，发生并购的组织与没有发生并购的组织在知识转移和整合的环境上存在明显的差别，主要表现在以下四点：

一、信任关系需要重构

Standing 和 Benson（2000）通过对大量知识工人进行访谈后认为信任是非常关键的，如果知识分享双方没有信任，人们就不可能分享他们的知识。

人们之所以很少分享知识是因为他们不信任别人。实证分析的结果表明，信任关系是知识转移和整合的前提或基础。然而，信任关系的建立需要一个过程，根据沙贝尔（Sabel）的定义，相互信任就是合作各方坚信，没有一方会利用另一方的脆弱点去获取利益。这说明信任关系的建立需要合作各方经过一段时间的沟通交流，互相以对方为观察对象，且通过对一些事件的利益分析才能形成。对于分别从两个不同组织来的员工而言，原有的信任关系可能被全部或部分地淡化，他们需要较长的时间来完成信任关系的重建。在并购后的组织中，影响信任关系重建的因素主要有以下五点：①语言的差异。语言是有效沟通的基础，共同的语言能帮助人们发展社会关系、理解社会环境和提高沟通能力。一般而言，国内并购可能不会存在这一问题，但跨国并购就会面临这一信任关系发展的障碍。②利益群体。在同一利益群体中的员工，将以共同的利益作为信任关系的坚实基础，这将有利于信任关系的稳定发展。在并购后的组织中，员工的群体关系可能发生了变化，员工需要时间和机遇找到并加入新的利益群体。③民族差异。同一民族存在一些共同的生活习俗，也存在一些共同的价值观，这些都可以成为信任关系建立和发展的基础。④教育和工作背景的差异。不同的教育经历和工作经历将可能形成不同的思维方式，毫无疑问，同一思维方式将有助于合作双方的相互理解，因此有助于推动双方信任关系的发展。⑤组织文化。文化的冲突将导致员工之间的敌意和不信任，相近文化的组织之间并购将减少文化冲突，有利于增强员工之间的互信；反之，则将增加文化冲突，不利于信任关系的重建。

二、过渡式的管理模式

组织并购后，需要对组织资源进行重新分配和组合，为了减少这一过程中可能出现的资源流失和混乱秩序，组织一般都会在这一阶段采用危机管理的过渡管理模式，加强管理的集中程度。但是，管理越集中，员工的自主权就越小，这将减少员工主动交流的机会，削弱员工共享知识的积极性。

三、工作岗位的不稳定

一方面，组织并购后，员工的工作岗位大多数都需要进行重新调整，有时还需要减少部分员工，这种岗位的不稳定性将给员工造成较大的心理压力；另一方面，员工的知识又是其工作岗位的保障，员工会担忧因共享知识而被他人所替代。因此，并购后的知识转移需要克服员工“岗位不稳定”的心理障碍才能完成。

四、共享标准需要重建

知识的转移需要知识转出方根据转入方的条件对知识重新进行编码和抽象。多数组织在其成长过程中都会形成其独特的知识编码形式和基本术语等，这些将逐步成为组织内部共享知识的标准用语，并可以加快组织内部的知识转移速度。两个组织发生并购后，原有的知识共享标准就可能无法通用了，这就需要对知识共享的标准进行重建。

第四节　知识转移和整合的主要影响因素分析

知识转移和整合的主要影响因素可以从三个角度来分析，信任、知识距离和组织激励机制。这三个主要因素综合了多种因素的影响，有一定的代表性。

一、信任关系

信任关系直接影响知识转移和整合，这一观点基本上得到了理论和实践的证实。谢荷锋（2007）将员工信任分为情感信任、认知信任和制度信任三个维度，将员工知识分享决策分为分享内容决策、分享模式决策和分享投入决策。其实证结果表明，情感信任影响员工对分享内容和分享模式的决策；

认知信任影响员工对分享内容、分享模式和分享投入的决策；制度信任也同样影响到知识分享决策的三个维度。徐碧祥（2007）的实证分析也表明员工对组织、主管和同事的信任会提升其对组织和自身的认知，进而增进其知识整合意愿与知识共享意愿。基于信任，知识供给者才会产生从知识接受者得到回报（这个回报可能是经济的也可能是非经济的）的预期，进而作出知识转移的决策；同样，基于信任，知识接受者才会产生对对方的知识存在价值的预期，进而作出接受知识的决策。员工与组织、主管与同事之间建立了信任关系，也就形成了组织内部知识共享的氛围，员工才会主动参与知识的转移与整合。组织文化是影响员工信任关系建立的主要因素，组织文化对知识转移和整合的影响是通过信任中介发挥作用的。

因此，我们认为，基于信任的组织知识共享氛围对并购后的知识转移和整合产生正向影响；基于信任关系的员工主动参与知识分享对并购后的知识转移和整合产生正向影响。

二、知识距离

知识距离分为知识的编码程度、知识的抽象程度和接受方的知识基础三个维度。知识的编码化程度越高，越接近于显性知识，而显性知识容易用图形和公式记录，也容易被标准化和自动化，知识就可以通过员工所认同的编码工具进行转移。知识的编码化程度越低，越接近于隐性知识，而隐性知识是直觉的、难以表达的，它的转移需要一定的社会化过程，因此很难转移，但相对于显性知识，隐性知识更有价值。知识的编码化过程也就是对知识的显性化过程。

知识的抽象化程度越高，知识就可以适用于更多的主体，可以应用到更广的范围，也更容易通过多数人都能理解的名词或术语来表达，因此知识转移也更容易；知识的抽象化程度越低，知识就可能仅限于较少的主体或仅限于某一个团体内，如果要运用到其他团体，就要对团体内的专有名词或术语完成通用化过程后才能被其他团体成员所接受，因此，知识转移也更难。

知识具有累积的特性，这意味着要理解某一知识就必须掌握一定水平的前期知识，也就是说，前期的基础知识如果太少则无法接受新的知识，特别是高度隐性和复杂的知识。教育学和认知心理学的理论研究都已经表明知识接受者的知识基础决定了接受者是否能够有效地接受知识。相关的教育背景和相似的工作经历或者是多样化的知识背景和广泛的理解能力不仅有助于知识接受者理解和应用新的知识（Nieminen H.，2005），也有助于知识转出者运用相近的专业术语表达和转移知识。

综合以上分析，我们认为目标组织的知识隐性化程度将正向影响知识转移和整合；主并组织员工的知识基础正向影响知识转移和整合；从主并组织和目标组织中分别挑选一部分员工担任员工知识培训讲师将有助于知识转移和整合。

三、组织激励机制

人的行为背后都有一定的动机，组织内部员工转移和整合知识也需要一定的推动力量。Gupta 和 Govindarajan（2000）把知识流动概念化为五项要素：感知到知识价值、知识源的动机、转移渠道的存在与丰富性、接受方的动机以及接受方的吸收能力。他们的研究肯定了个体动机对于知识共享的重要作用。Cummings 和 Teng（2006）的分析结论也表明，知识提供者和知识吸收者的动机都是决定知识共享能否成功的关键因素。Bartol 和 Srivastava（2002）的研究结论显示，包含知识共享评估和认可的绩效工资计划对个体在团队和工作单元内外共享知识具有正向作用，基于团队绩效的报酬可能增强团队内部的知识共享，利润分享计划和收益分享计划对跨团队和工作单元的知识共享行为具有正向作用，股票拥有计划尤其适用于激励员工共享自己的复杂知识。知识共享和整合的动机来源既有外部的也有内部的，外部动机是指由个体所从事的活动以外的诱因激发而产生的动机，如物质报酬、他人承认等；内部动机是由个体所从事的工作本身具有的挑战性、趣味性等诱因激发而产生的动机。组织可以采取一些措施来激发员工共享和整合知识的动机。薪酬的提升和绩效奖励能够激励员工共享知识，那么建立合作性薪酬体系将正向影响知识转移和整合；受尊重的专家荣誉地位或称号将激发知识共享的内在动机，那么建立精神奖励体系将正向影响知识转移和整合；电子信息平台便于员工交流信息和共享知识，有利于在交流的过程中互相激发知识共享的动机，那么建立电子信息平台将正向影响知识转移和整合；员工轮换工作可以将知识引向不同的团队，同时也将增加员工在新环境中学习新知识的压力，那么建立工作轮换制度将正向影响知识转移和整合；在跨部门的团队中，成员来自不同的部门，也给团队引入了多种背景的知识，这些不同类别的知识在解决问题的时候很可能整合创造出新的知识，那么设立跨部门的团队将正向影响知识的转移和整合；员工的知识转移和整合行为需要领导和组织，也需要评估、考核和总结，这些管理职能都应该由一个独立的机构来负责，那么设立专门推动知识转移和整合的机构将正向影响知识的转移和整合。

我们可以将前述分析中影响知识转移和整合的主要因素总结如表 9－2 所示。

表 9－2　影响知识转移和整合的主要因素

<table>
<tr><td rowspan="12">知识转移和整合的影响因素</td><td>一级指标</td><td>权重</td><td>二级指标</td><td>权重</td></tr>
<tr><td rowspan="2">信任关系</td><td rowspan="2"></td><td>员工主动参与知识转移</td><td></td></tr>
<tr><td>组织的知识共享氛围</td><td></td></tr>
<tr><td rowspan="5">组织环境</td><td rowspan="5"></td><td>设立专门推动知识转移和整合的机构</td><td></td></tr>
<tr><td>设立跨部门团队</td><td></td></tr>
<tr><td>建立工作轮换制度</td><td></td></tr>
<tr><td>建立电子信息平台</td><td></td></tr>
<tr><td>建立知识共享的物质和精神激励制度</td><td></td></tr>
<tr><td rowspan="3">知识距离</td><td rowspan="3"></td><td>知识吸收方的知识基础</td><td></td></tr>
<tr><td>目标知识的隐性化程度</td><td></td></tr>
<tr><td>从主并组织和目标组织中分别挑选一部分员工担任员工知识培训讲师</td><td></td></tr>
</table>

第五节　并购后知识转移和整合的基本框架

在并购目标选择时就应该启动并购后的知识转移和整合的相关计划，也就是说，在并购目标选择时就要考虑以下问题：一是目标组织有哪些知识资产？二是这些知识资产能否转移？三是这些知识资产的转移价值是否大于转移成本？四是主并组织的知识资产能否与目标知识成功整合并创新出高附加值的知识？在此，我们主要分析并购后的知识转移和整合的基本框架，包括知识的辨识分类、知识转移平台的构建、知识转移和整合的激励机制建设。通过对知识分门别类后，确定要对哪些知识进行重点转移和整合；根据知识本身的特点构建知识转移和整合的软环境和硬环境；最后通过激励措施推动员工积极转移和整合创新知识。

一、知识的辨识分类

对于组织知识的类别，学者们根据自己的理解对其提出了不同的分类标准和具体的类别。Collins（1993）将组织知识分为四类，即个体显性或记忆知识（Individual-explicit or embrained knowledge）、个体隐性或体化知识（Individual-tacit or embodied knowledge）、集体显性或编码知识（Collective-explicit or encoded knowledge）和集体隐性或嵌入知识（Collective-tacit or embedded knowledge）。Alice Lam 也将组织知识分为四类，即记忆知识（Embrained knowledge）、编码知识（Encoded knowledge）、体化知识（Embodied knowledge）和嵌入知识（Embedded knowledge）。显然，这两位学者的分类是大同小异的。国内一些学者的分类方法如表 9－3 所示。

表 9-3 组织知识分类

分类标准	类别
承载主体	个体知识、集体知识
知识内容	市场知识、管理知识、技术知识、文化知识
组织贡献	决定性知识、有益性知识、必要性知识
绩效评定	有问题知识、明显知识、可利用知识
协同性或互补性	强协同性知识、弱协同性知识、对立性知识

（资料来源：作者根据相关文献整理而成）

综合以上学者的观点，我们认为两位国外学者的分类标准准确合理，操作性强，容易抓住重点知识。个体记忆知识是员工工作的基础，这类知识是员工主动获取的，也比较容易通过自学或接受相关教育和培训获得；编码知识是组织长期积累并保存的集体知识，这些知识可以以书面文档、电子文档等形式保存，可以通过组织档案的管理和知识管理 IT 技术实现转移和初步整合；体化知识是员工经过长期的经验积累形成并与其身体融合在一起的知识，这类知识可以跟随员工一起转移，但需要激励才能转移给其他员工；嵌入知识是一种嵌入式集体知识，这是并购知识转移和整合的重点，也是转移难度最大的知识。

二、知识转移平台的构建

知识转移平台的构建实质上就是为知识转移和整合创造一个良好的软环境和硬环境。软环境是指在组织学习导向的基础上有利于提高员工的知识共享意愿和有助于员工开放心智的组织氛围；硬环境是指组织能够提供知识转移和整合的物理空间或媒介技术工具。

个体记忆知识转移的平台。目标组织员工原有的记忆知识可以随之一起转移，不需要特别的平台帮助。组织主要为员工适应新的工作岗位提供获取知识的平台，如组织电子知识库、图书馆、阅览室等，还可以提供外部培训信息，建立培训费用和专业书籍购置费用的报销制度。

个体体化知识转移平台。目标组织员工的体化知识也将随之一起从原组织中转移过来，也不需要组织的帮助。对于这类知识，组织应该评价其价值，如果价值较高，就应该提供将其转移给其他员工的辅助平台，如建立师徒制度，给师傅提供一定的津贴；将其纳入组织的专家团队管理，鼓励其担任培训讲师或专业团队负责人等负有培训他人责任的岗位。

集体编码知识转移平台。编码知识是已经用图纸、模型、文档或电子媒介等形式显性化的知识，多数组织已经将这类知识纳入知识库管理，因此，这类知识的转移主要是通过数据库或知识库的合并来完成。这类知识容易在并购整合过程中流失，因此组织应该建立专门的整合团队，监管并负责完成这类知识的转移。

集体网络式知识转移平台。由于这类知识是集体成员承载的，因此，首先，组织要辨识这类知识由哪些成员承载，保证这些员工不会流失。其次，组织应该保持这些成员的沟通空间和原有的沟通方式。再次，主并组织可以主动派出部分员工与这些成员一起工作，逐渐置换出一部分成员到组织内部的其他团队转移知识。

三、知识转移和整合的激励机制建设

知识的转移和整合基本上都要通过员工的大脑活动才能完成，只有员工掌握的知识才是真正能够创造价值的知识。如果员工没有受到与他人共享知识的激励，他就很难主动完成知识共享的大脑活动。激励有经济方面的也有非经济方面的，经济方面的激励有薪酬奖励、货币报酬、可预期的组织奖励等；非经济方面的激励有互惠、尊重、成就感和利他思想。根据以上激励形式，组织可以建立以下激励机制：

一是知识转移和共享的奖励机制。组织可以建立知识贡献的积分机制，对主动转移知识的行为进行积分登记，根据积分的数量给予晋升工资等级或货币奖励制度；建立师徒关系中的师傅享受徒弟的业绩提成的制度；组织还可以考虑设立知识贡献荣誉奖等奖项。

二是在组织内部建立知识交易市场机制。通过在组织内部的市场交易推动知识接受方对知识供应方给予补偿。这种补偿不一定是物质利益，也可以是尊重、互惠等非物质回报。

第六节　本章小结

本章分析了知识并购战略中的知识转移和整合问题。首先，综述了这方面研究的动态，总结了他人的研究成果；其次，分析了知识并购后知识转移和整合的环境，从四个方面分析了这一环境的特征；再次，对知识并购后知识转移和整合的主要影响因素展开了分析；最后，提出了一个并购后知识转移和整合的理论框架。

案例分析

金蝶并购嘉码的知识整合分析

2010 年 1 月 22 日，金蝶国际软件集团有限公司（以下简称“金蝶”）正式宣布斥资人民币 2 000 万，通过资产收购的方式并购国内房地产行业专业软件厂商——深圳市嘉码信息系统有限公司（以下简称“嘉码”）。金蝶国际软件集团高级副总裁陈登坤表示，金蝶的行业解决方案和金蝶产品，与嘉码的行业内专业特质形成了互补，嘉码的行业经验与知识将快速整合进入金蝶现有的房地产行业产品线和人才队伍，为房地产及建筑行业客户提供更加完整的一体化解决方案，深化客户应用价值，进一步巩固其在建筑与房地产行业信息化市场第一品牌的地位。

主并公司

金蝶国际软件集团有限公司（http：//www. kingdee. com）是香港联交所

主板上市公司（股票代码：0268）、中国软件产业领导厂商、亚太地区企业管理软件及中间件软件龙头企业、全球领先的在线管理及电子商务服务商，总部设在深圳。金蝶为全球范围内超过60万家企业和政府组织成功提供了管理咨询和信息化服务。2009年底总资产达17.63亿元，当年营业收入达9.968亿元。金蝶连续六年被IDC评为中国中小企业ERP市场占有率第一名、连续四年被《福布斯亚洲》评为亚洲最佳中小企业、2007年被Gartner评为在全世界范围内有能力提供下一代SOA服务的19家主要厂商之一。2007年，IBM等机构入股金蝶国际，成为集团战略性股东。过去金蝶是软件公司，未来金蝶希望成为管理智库。金蝶在房地产与建筑行业信息化领域一直处于领先地位，拥有深圳万科、合生创展等一大批知名客户。2009年，该项业务增长近300%。本次并购是金蝶2005年香港主板上市以来的第八起并购案，过去的整合经验可以在本次并购中得以应用。

目标公司

深圳市嘉码信息系统有限公司成立于1999年，是国家信息产业部门认定的高科技软件企业，总部设于深圳。十余年来，嘉码致力于房地产行业一体化管理理论的研究和信息化解决方案的推广，拥有一大批具有扎实理论知识和丰富实践经验的专业团队，15个系列软件产品覆盖房地产行业全生命周期管理的各个方面，近百家房地产客户成功应用其一体化系统，其中包括北京金融街、华强集团等国内房地产行业的知名企业，已成为业内公认的房地产企业信息一体化建设的领导型提供商。此外，嘉码拥有自主知识产权的房地产企业一体化管理信息系统（J/3 RMIS）。该系统采用领先和独特的一体化设计，管理覆盖房地产开发的投资分析、项目管理、协同办公、人力资源、客户关系管理、决策支持等全流程业务。其基于精细管理方法及国际项目管理PMP中九大知识管理体系推出的嘉码项目管理系统（J/3 PM）已在多个行业得到了成功应用。

产品和客户的整合

收购后，嘉码原系列产品将直接与金蝶K/3产品整合成完整的解决方案并继续销售。嘉码团队的行业经验及原产品的行业特性将进一步整合到金蝶EAS产品中，增强与丰富以“全面管控、协同运营”为理念的房地产及建筑行业整体解决方案，该方案将覆盖房地产经营决策分析、项目管理、销售管理、租赁管理、客户管理、物业管理等全面业务。对于嘉码的客户，金蝶专门成立了“嘉码客户关怀小组”，配置专人继续为这些客户提供日常维护、技术支持等服务，并将帮助该等客户全面升级到金蝶的建筑与房地产行业解决方案中。

文化整合

文化整合是知识整合的前提，也是并购整合的难点。如何消除来自不同行业、不同地区、不同企业的文化冲突，将是决定并购后能否整合成功的关键。首先，嘉码和金蝶这两家公司都是中国人的公司，总部都设在深圳，从文化上来讲没有本质的差异。而且嘉码的管理层和金蝶的管理层年龄相差无几，成长在同一个时代，都想做一番事业，双方有着非常相似的文化背景。其次，金蝶的公司文化定位于“没有家长的大家文化”，是一种开放的、全员创新的、国际化的和充满人情味的文化。在金蝶大家庭里，每个人都可直呼其名，因为大家是平等的兄弟姐妹，情同手足。这种文化的融合能力非常强，嘉码的员工比较容易融入这种文化。金蝶的管理层包括徐少春本人，都持有非常开放的心态，希望和员工一起去追求共同的事业，来自高层的支持将进一步促进文化的融合。

显性知识整合

显性知识的整合可以借助文档管理工具和信息技术工具，并购双方本身都是做管理软件开发的，对于信息系统的整合可谓轻车熟路。嘉码的员工在并入到金蝶后，将获得一张卡片，这是金蝶人的身份证明。在卡片上输入几个数字，然后根据上面出现的密码登录金蝶内部网站，就可以共享显性知识。嘉码的员工还可以利用金蝶构建的 KM. DOC 知识管理平台。该平台已经实现了财务、公文合同、人力资源、质量与信息、研发与生产以及渠道/服务/市场等六大类别的48个流程应用，并可以实施E-Learning在线培训和视频会议。此外，为了提高员工的工作效率，金蝶的知识管理部将制作的知识光盘、知识刊物和《知识管理部百宝箱》等文档发给原嘉码的员工，把更好的方法、工具推荐给员工，帮助员工在更短的时间内完成更多的工作，减轻工作负担。

隐性知识整合

隐性知识的整合实质上是知识人的整合，整合的目的就是将并购的团队成员合理配置到主并公司的相应岗位，实现知识的转移和共享，充分挖掘他们的智力和潜力。将嘉码的全部团队整合到金蝶建筑与房地产事业部，核心团队将在产品规划、开发、咨询、实施、售前、销售管理等岗位上施展他们的才华。对于这些高端人才，金蝶将提供没有天花板和围墙的平台，提供“2+1”（技术通道、管理通道+快速成长）的职业发展通道，帮助他们实现财富、事业和价值的不断提升，将他们打造成为社会明星、行业专家和公司精英。良好的发展机会、富有挑战的工作、公平合理的薪酬、兄弟姐妹般的情谊和良好的知识共享氛围为隐性知识的整合创造了环境。

（部分资料来源：金碟国际软件集团有限公司和嘉码信息系统有限公司的相关网站。）

第十章　知识并购的实证分析

本研究的调查分为两个阶段：一是访谈阶段，对一些知识型企业的高层和部分高科技人才进行访谈，根据访谈结果并结合文献综合研究，提出影响知识并购目标选择、并购定价和并购整合的影响因素的理论假设；二是问卷调查阶段，在理论假设的基础上，在企业、高校、科技、事业单位等发放调查问卷，通过因子分析法、结构方程等进行归类、检验等，以建立知识型企业并购决策的支撑体系。

第一节　访谈阶段

实地访谈是该项实证研究的前期工作，并贯穿于该项研究的理论分析、要素确定、问卷设计和正式调查的一系列过程中。本次访谈主要对以下企业的高层展开：深圳市创维数字技术股份有限公司、深圳市金星精密技术有限公司、深圳市索维亚科技有限公司、智汇堂文化传播有限公司、国信证券有限责任公司等。访谈主要就目标企业的选择、目标企业的估值和定价、目标企业的知识整合以及假设本企业作为被并购目标企业时对自身的估值和定价等问题进行交流。了解企业的高层在知识并购决策过程中主要考虑的因素，知识型员工在知识整合过程中对组织软、硬环境以及对知识转移相对方的要求。由于受访的部分企业并没有知识并购的经历，因此，我们在访谈过程中通过并购情景假设来引导受访者回答相关问题。

在文献研究的基础上，结合实地访谈的结果，我们设计了调查问卷。问卷包括五个部分：第一部分是被调查人员的基本情况，如性别、职位和学历；

第二部分是选择目标企业时所考虑的因素；第三部分是对目标企业定价时所考虑的因素；第四部分是对目标企业整合时所考虑的因素；第五部分在假设本企业是并购目标的前提下，对本企业知识定价所考虑的因素。由于本研究属于比较前沿的探讨，很多被调查者可能较少接触这些概念，所以我们设计问卷时题量尽可能地少，第二至第五部分平均为 10 道题目，共 40 道题目。我们先在哈尔滨工业大学深圳研究生院的博士后群体中进行了小样本问卷测试，测试的效果比较理想，经过修改后形成了最后的调查问卷。调查问卷采用 Likert 五点量表编写，要求问卷填写者根据个人经历和认知，对问卷提出的问题按照并购的实际情况进行判断，对某问题在并购决策中的重要程度进行打分，在相应分值的方框中打钩，数字“1”、“2”、“3”、“4”、“5”五种分值分别代表了“很不重要”、“不重要”、“关系不大”、“重要”和“很重要”。

第二节　问卷调查的基本情况

课题组成员于 2008 年 10 月至 2009 年 3 月期间，分别在北京大学深圳研究生院高层管理人员培训班、哈尔滨工业大学深圳研究生院博士后联谊会、上海交通大学深圳 MBA 班、深圳市创维数字技术股份有限公司、深圳市金星精密技术有限公司、深圳高新技术成果交易会（2008）的现场进行问卷调查，共发放问卷 180 份，回收 165 份，回收率为 91.7%，因为基本上都是采用调查人员当场回收问卷，因此回收率较高。对回收的 165 份问卷进行整理，将缺失项较多、填写不认真、存在明显规律的问卷筛选出来，最后得到有效问卷 158 份，有效率为 95.76%，有效率较高是基于调查人员当场解释填写者的疑问而获得较多的支持。

在调查对象中，男性占 76.6%，女性占 23.4%，如表 10 - 1 所示。

表 10－1 调查对象的性别结构（男＝1，女＝2）

		Frequency	Percent	Valid Percent	Cumulative Percent
Valid	1	121	76.6	76.6	76.6
	2	37	23.4	23.4	100.0
	Total	158	100.0	100.0	

在调查对象中，企业所有者占 4.4%，高层管理者占 19%，中层管理者占 42.4%，基层管理者占 34.2%，如表 10－2 所示。

表 10－2 调查对象的职位结构

（企业所有者＝4，高层管理者＝3，中层管理者＝2，基层管理者＝1）

		Frequency	Percent	Valid Percent	Cumulative Percent
Valid	1	54	34.2	34.2	34.2
	2	67	42.4	42.4	76.6
	3	30	19.0	19.0	95.6
	4	7	4.4	4.4	100.0
	Total	158	100.0	100.0	

在调查对象中，大专学历者占 7.6%，本科学历者占 34.2%，硕士学历者占 50.6%，博士学历者占 7.6%，如表 10－3 所示。

表 10－3 调查对象的学历结构

（大专＝1，本科＝2，硕士＝3，博士＝4）

		Frequency	Percent	Valid Percent	Cumulative Percent
Valid	1	12	7.6	7.6	7.6
	2	54	34.2	34.2	41.8
	3	80	50.6	50.6	92.4
	4	12	7.6	7.6	100.0
	Total	158	100.0	100.0	

第三节 信度分析

信度又叫可靠性，是指测验的可信程度。它主要表现测验结果的一贯性、一致性、再现性和稳定性。本文采用 Cronbach's Alpha 信度系数，它表明量表中每一题项得分之间的一致性，可以解释用量表测试某一等级得分数的变异中，有多大比例是由真分数所决定的，从而反映量表受随机误差影响的程度，反映出测试的可靠程度。大多数学者认为，一致性信度系数 α 在 0.7 以上，说明收集的数据有效。

对知识并购目标选择的十个题项进行信度分析，十个题项的总信度系数是 0.868。每个题项的信度系数都高于 0.8，如表 10-4 所示，说明收集的数据有效。

表 10-4 知识并购目标选择决策因素的信度分析

知识并购目标选择决策因素	Scale Mean if Item Deleted	Scale Variance if Item Deleted	Corrected Item - Total Correlation	Cronbach's Alpha if Item Deleted
目标选择时，两组织知识的相关性	31.215 2	44.081	0.673	0.847
目标选择时，目标知识的隐性化程度	31.360 8	45.990	0.612	0.853
目标选择时，目标知识与组织环境的相关程度	31.151 9	46.550	0.641	0.851
目标选择时，主并组织吸收知识的能力	30.924 1	46.950	0.606	0.853
目标选择时，两组织之间的信任关系的重要性	30.683 5	47.581	0.590	0.855
目标选择时，目标组织员工的学历、经验和创新能力	30.829 1	46.308	0.661	0.849
目标选择时，两组织在文化上的共同性	31.069 6	47.658	0.582	0.855

（续上表）

知识并购目标选择决策因素	Scale Mean if Item Deleted	Scale Variance if Item Deleted	Corrected Item – Total Correlation	Cronbach's Alpha if Item Deleted
目标选择时，两组织过去联系紧密程度的重要性	31.189 9	48.193	0.532	0.859
目标选择时，两组织集成创新的可能性有多重要	30.936 7	47.639	0.575	0.856
目标选择时，目标组织规模的影响	31.139 2	49.547	0.377	0.872

对知识并购中目标知识定价的十个题项进行信度分析，十个题项的总信度系数是0.794。每个题项的信度系数都高于0.75，如表10–5所示，说明收集的数据有效。

表10–5 知识并购目标知识定价决策因素的信度分析

知识并购目标知识定价决策因素	Scale Mean if Item Deleted	Scale Variance if Item Deleted	Corrected Item – Total Correlation	Cronbach's Alpha if Item Deleted
目标知识定价时，两组织知识的相关程度	34.784 8	32.514	0.430	0.781
目标知识定价时，目标知识的隐性化程度	34.753 2	33.448	0.358	0.790
目标知识定价时，目标知识与组织环境的相关程度	34.658 2	31.615	0.561	0.765
目标知识定价时，两组织之间的信任关系	34.367 1	31.482	0.546	0.767
目标知识定价时，目标组织的声誉	34.265 8	32.209	0.499	0.773
目标知识定价时，主并组织的学习能力	34.538 0	32.951	0.477	0.775
目标知识定价时，两组织知识整合集成为新知识的可能性	34.462 0	32.671	0.469	0.776
目标知识定价时，两组织在文化上的相似程度	34.575 9	33.061	0.403	0.784
目标知识定价时，目标组织的赢利水平	34.215 2	32.157	0.482	0.775
目标知识定价时，目标组织的创新能力	34.113 9	33.248	0.445	0.779

对知识并购目标知识整合的十个题项进行信度分析，十个题项的总信度系数是0.933。每个题项的信度系数都高于0.9，如表10-6所示，说明收集的数据有效。

表10-6 知识并购目标知识整合决策因素的信度分析

知识并购目标知识整合决策因素	Scale Mean if Item Deleted	Scale Variance if Item Deleted	Corrected Item - Total Correlation	Cronbach's Alpha if Item Deleted
整合目标知识时，组织的知识共享氛围	30.354 4	68.791	0.774	0.924
整合目标知识时，组织员工主动参与	30.272 2	68.722	0.792	0.923
整合目标知识时，设立专门推动知识整合的机构	30.265 8	69.954	0.751	0.925
整合目标知识时，设立跨部门团队	30.468 4	71.295	0.727	0.926
整合目标知识时，建立工作轮换制度	30.563 3	70.783	0.684	0.928
整合目标知识时，建立电子信息平台	30.449 4	69.128	0.744	0.925
整合目标知识时，建立物质和精神激励制度	30.196 2	71.891	0.636	0.931
整合目标知识时，在主并组织和目标组织中分别选一些员工交叉担任培训讲师	30.392 4	68.584	0.776	0.924
整合目标知识时，目标知识的隐性化程度	30.557 0	70.452	0.726	0.926
整合目标知识时，知识吸收方的知识基础	30.373 4	69.930	0.732	0.926

对知识并购中目标组织对本组织知识定价决策的十个题项进行信度分析，十个题项的总信度系数是0.742。每个题项的信度系数都高于0.7，如表10-7所示，说明收集的数据有效。

表 10－7 目标组织对本组织知识定价决策因素的信度分析

目标组织对本组织知识定价决策因素	Scale Mean if Item Deleted	Scale Variance if Item Deleted	Corrected Item－Total Correlation	Cronbach's Alpha if Item Deleted
对本组织的知识定价时，目标组织与主并组织的信任关系	34.126 6	25.806	0.359	0.727
对本组织的知识定价时，目标组织与主并组织的合作时间	34.487 3	25.411	0.372	0.726
对本组织的知识定价时，目标组织知识的成本	34.177 2	25.128	0.426	0.717
对本组织的知识定价时，主并组织企业的学习能力和员工经验	34.316 5	25.020	0.449	0.714
对本组织的知识定价时，知识整合创新的风险	34.158 2	25.663	0.399	0.722
对本组织的知识定价时，知识的隐性化程度	34.354 4	24.612	0.464	0.711
对本组织的知识定价时，两组织知识的相关性	34.272 2	25.562	0.399	0.722
对本组织的知识定价时，主并组织的知识共享氛围	34.158 2	24.898	0.423	0.718
对本组织的知识定价时，主并组织的文化	34.145 6	24.813	0.409	0.720
对本组织的知识定价时，主并组织的股权激励制度	33.689 9	26.241	0.316	0.733

第四节 描述性统计分析

本研究采用 SPSS 16.0 软件对 158 份有效问卷进行了统计分析，表 10－8 是对知识并购目标选择决策因素的描述性统计结果，包括均值和标准差。

表 10－8　知识并购目标选择决策因素的描述性统计

知识并购目标选择决策因素	N	最小值	最大值	均值	标准差
目标选择时，两组织知识的相关性	158	1.00	5.00	3.284 8	1.287 33
目标选择时，目标知识的隐性化程度	158	1.00	5.00	3.139 2	1.186 27
目标选择时，目标知识与组织环境的相关程度	158	1.00	5.00	3.348 1	1.088 02
目标选择时，主并组织吸收知识的能力	158	1.00	5.00	3.575 9	1.095 99
目标选择时，两组织之间的信任关系的重要性	158	1.00	5.00	3.816 5	1.051 77
目标选择时，目标组织员工的学历、经验和创新能力	158	1.00	5.00	3.670 9	1.085 18
目标选择时，两组织在文化上的共同性	158	1.00	5.00	3.430 4	1.054 97
目标选择时，两组织过去联系紧密程度的重要性	158	1.00	5.00	3.310 1	1.070 16
目标选择时，两组织集成创新的可能性有多重要	158	1.00	5.00	3.563 3	1.067 37
目标选择时，目标组织规模的影响	158	1.00	5.00	3.360 8	1.184 93

在以上十个因素中均值都大于 3。其中，两组织之间的信任关系的重要性均值最高、标准差最小，说明大家都认同信任关系是知识并购目标选择中的首要因素；主并组织吸收知识的能力以及目标组织员工的学历、经验和创新能力两个因素的均值较高，说明知识员工是知识并购决策中的第二因素。集成创新的可能性反映并购的未来价值变化，样本的均值较高，说明知识并购决策的目标是未来而不是现在。但这种分析无法证实知识相关性对知识并购目标选择的倒“U”型影响关系；同时，由于问卷设计的原因，只能验证目标企业规模对知识并购目标选择有影响，而无法证实理论分析中假定的负

向影响关系。

表 10 – 9 是对知识并购中目标知识定价决策因素的描述性统计结果，包括均值和标准差。

表 10 – 9 知识并购目标知识定价决策因素的描述性统计

知识并购目标知识定价决策因素	N	最小值	最大值	均值	标准差
目标知识定价时，两组织知识的相关程度	158	1.00	5.00	3.519 0	1.121 43
目标知识定价时，目标知识的隐性化程度	158	1.00	5.00	3.550 6	1.109 01
目标知识定价时，目标知识与组织环境的相关程度	158	1.00	5.00	3.645 6	1.041 04
目标知识定价时，两组织之间的信任关系	158	1.00	5.00	3.936 7	1.080 71
目标知识定价时，目标组织的声誉	158	1.00	5.00	4.038 0	1.052 06
目标知识定价时，主并组织的学习能力	158	1.00	5.00	3.765 8	0.978 55
目标知识定价时，两组织知识整合集成为新知识的可能性	158	1.00	5.00	3.841 8	1.031 49
目标知识定价时，两组织在文化上的相似程度	158	1.00	5.00	3.727 8	1.086 39
目标知识定价时，目标组织现有的赢利水平	158	1.00	5.00	4.088 6	1.084 81
目标知识定价时，目标组织的创新能力	158	1.00	5.00	4.189 9	0.984 93

在主并组织对目标知识进行定价决策时，以上十个因素在调研样本中的均值都比较高，这说明十个因素都是知识并购定价决策中的重要因素。其中，均值最高的是目标组织的创新能力，两组织知识整合集成为新知识的因素的均值也较高，都说明目标知识的价值主要体现在未来价值上，也就是目标组

织隐性知识的价值上；其次才是目标组织现有的赢利水平，而这是传统并购定价的首要决策因素。两组织之间的信任关系和目标组织的声誉两个因素的均值较高，说明知识并购定价决策中信任关系是很重要的决策变量。

表 10－10 是对知识并购中目标知识整合决策因素的描述性统计结果，包括均值和标准差。

表 10－10　知识并购目标知识整合决策因素的描述性统计

知识并购目标知识整合决策因素	N	最小值	最大值	均值	标准差
整合目标知识时，组织的知识共享氛围	158	1.00	5.00	3.411 4	1.205 77
整合目标知识时，组织员工主动参与	158	1.00	5.00	3.493 7	1.187 77
整合目标知识时，设立专门推动知识整合的机构	158	1.00	5.00	3.500 0	1.149 63
整合目标知识时，设立跨部门团队	158	1.00	5.00	3.297 5	1.079 69
整合目标知识时，建立工作轮换制度	158	1.00	5.00	3.202 5	1.177 06
整合目标知识时，建立电子信息平台	158	1.00	5.00	3.316 5	1.221 30
整合目标知识时，在主并组织和目标组织中分别选一些员工交叉担任培训讲师	158	1.00	5.00	3.373 4	1.218 14
整合目标知识时，目标知识的隐性化程度	158	1.00	5.00	3.208 9	1.145 77
整合目标知识时，知识吸收方的知识基础	158	1.00	5.00	3.392 4	1.177 47

在目标知识整合决策因素中，样本因素的均值与目标选择和知识定价的决策因素的均值相比要低，但都高于 3，说明各因素都是影响目标知识整合决策的要素。其中，设立专门的推动知识整合的机构、组织员工主动参与、组织知识共享的氛围的均值相对较高，这说明并购后的组织要加强知识整合的组织和领导，提高员工之间的互信，营造知识转移和共享的组织氛围。

表 10－11 是对知识并购中目标组织对本组织知识定价决策因素的描述性

统计结果，包括均值和标准差。

表 10－11　目标组织对本组织知识定价决策因素的描述性统计

目标组织对本组织知识定价决策因素	N	最小值	最大值	均值	标准差
对本组织的知识定价时，目标组织与主并组织的信任关系	158	1.00	5.00	3.860 8	0.986 97
对本组织的知识定价时，目标组织与主并组织的合作时间	158	1.00	5.00	3.500 0	1.039 05
对本组织的知识定价时，目标组织知识的成本	158	1.00	5.00	3.810 1	0.997 78
对本组织的知识定价时，主并组织的学习能力和员工经验	158	1.00	5.00	3.670 9	0.980 34
对本组织的知识定价时，知识整合创新的风险	158	1.00	5.00	3.829 1	0.945 61
对本组织的知识定价时，知识的隐性化程度	158	1.00	5.00	3.632 9	1.024 26
对本组织的知识定价时，两组织知识的相关性	158	1.00	5.00	3.715 2	0.964 94
对本组织的知识定价时，主并组织的知识共享氛围	158	1.00	5.00	3.829 1	1.041 76
对本组织的知识定价时，主并组织的文化	158	1.00	5.00	3.841 8	1.079 76
对本组织的知识定价时，主并组织的股权激励制度	158	1.00	5.00	4.297 5	0.980 77

目标组织对本组织知识定价决策的十个因素在样本中的均值都高于 3，且大多数在 4 左右，说明这十个因素都是影响决策的重要因素。其中，主并组织股权激励因素的均值最高，其影响最大，说明目标组织的决策者对能否分享并购后的组织价值最为关注。信任关系、组织文化、知识共享氛围、知识的成本和知识整合创新的风险等也是目标组织在定价时考虑的关键因素。

第五节　因子分析

因子分析是探讨存在相关关系的变量之间，是否存在不能直接观察到但对可观察变量的变化起支配作用的潜在因子的分析方法。找出共性因子是因子分析的主要目的，进行因子分析的常用方法是主成分分析法。主成分分析就是考虑各指标间的相互关系，利用降维的思想把多个指标转换成较少的几个互不相关的综合指标，从而使进一步的研究变得简单的一种统计方法。运用因子分析首先要对要素指标的测量项目进行 KMO 测度和球形 Bartlett 检验。如果 KMO 值在 0.7 以上，说明各变量之间的相关程度高，适合进行因子分析。如果球形 Bartlett 检验的 Sig 统计值的显著性概率小于 0.001，则球形假设被拒绝，同样说明变量具有相关性，适宜进行因子分析。

一、知识并购目标选择决策因素的因子分析

对十个要素指标进行 KMO 测度和球形 Bartlett 检验，样本的 KMO 值为 0.872，球形 Bartlett 检验的 Sig 统计值的显著性概率为 0.000，如表 10－12 所示，说明此样本适宜进行因子分析。

表 10－12 目标选择决策因素的 KMO 和 Bartlett's Test

Kaiser－Meyer－Olkin Measure of Sampling Adequacy.		0.872
Bartlett's Test of Sphericity	Approx. Chi－Square	629.875
	df	45
	Sig.	0.000

通过因子分析能够得到总方差分解表 10－13，该表反映了特征根的数值和变化情况，公共因子数量的确定以特征根大于 1 作为选择标准。通过因子分析共抽取四个方差最大旋转特征根大于 1 的因子，解释总体方差为 74.588%，能够涵盖原始数据的大部分信息，解释情况良好。

表 10－13 目标选择决策因素解释的总方差

成分	初始特征值			提取平方和载入			旋转平方和载入		
	合计	方差的%	累积 %	合计	方差的%	累积 %	合计	方差的%	累积 %
1	4.640	46.403	46.403	4.640	46.403	46.403	2.743	27.428	27.428

（续上表）

成分	初始特征值			提取平方和载入			旋转平方和载入		
	合计	方差的%	累积 %	合计	方差的%	累积 %	合计	方差的%	累积 %
2	1. 412	14. 120	60. 524	1. 412	14. 120	60. 524	1. 717	17. 174	44. 601
3	0. 721	7. 212	67. 735	0. 721	7. 212	67. 735	1. 532	15. 322	59. 923
4	0. 685	6. 853	74. 588	0. 685	6. 853	74. 588	1. 467	14. 666	74. 588
5	0. 590	5. 904	80. 492						
6	0. 471	4. 706	85. 198						
7	0. 431	4. 310	89. 508						
8	0. 390	3. 896	93. 404						
9	0. 367	3. 669	97. 073						
10	0. 293	2. 927	100. 000						

表 10－14 是对初始因子负荷矩阵利用方差最大化作正交旋转后得到的正交因子负荷矩阵。该矩阵显示出四个公共因子对单个变量的负荷。旋转后的因子数值已经明显分化，每个公共因子只有少数几个指标的因子载荷较大，有了更鲜明的实际意义。在第一个公共因子中系数绝对值较大的指标有两组织知识的相关性、目标知识的隐性化程度、主并组织吸收知识的能力、目标组织转移知识的能力（学历、经验）、目标知识与组织环境的相关程度（嵌入性），这些都是影响知识距离的因素。因此，这一个公共因子可以命名为“知识距离”。第二个公共因子中系数绝对值较大的指标有两组织的信任关系和两组织集成创新的可能性（基于信任的判断），因此，这一个公共因子可以命名为“信任关系”。第三个公共因子中系数绝对值较大的指标只有目标组织的规模，属于组织的硬环境。第四个公共因子中系数绝对值较大的指标有两组织文化的相似性和并购前的联系紧密程度，属于组织的软环境。

表 10－14　目标选择决策因素旋转成分矩阵

	Component			
目录选择决策因素	1	2	3	4
目标选择时，两组织知识的相关性	0.828	0.150	0.179	0.151
目标选择时，目标知识的隐性化程度	0.846	0.160	0.006	0.125
目标选择时，本组织吸收知识的能力	0.610	0.354	－0.193	0.408
目标选择时，目标组织员工的学历、经验和创新能力	0.638	0.297	0.319	0.141
目标选择时，目标知识与组织环境的相关程度	0.520	0.559	0.113	0.145
目标选择时，两组织之间的信任关系的重要性	0.430	0.704	－0.078	0.164
目标选择时，两组织集成创新的可能性有多重要	0.088	0.728	0.488	0.188
目标选择时，目标组织规模的影响	0.083	0.116	0.906	0.154
目标选择时，两组织在文化上的共同性	0.179	0.321	0.120	0.817
目标选择时，两组织过去联系紧密程度的重要性	0.247	－0.024	0.519	0.683

二、　目标知识定价决策因素的因子分析

对十个要素指标进行 KMO 测度和球形 Bartlett 检验，样本的 KMO 值为 0.766，球形 Bartlett 检验的 Sig 统计值的显著性概率为 0.000，如表 10－15 所示，说明此样本适宜进行因子分析。

表 10－15　目标知识定价决策因素的 KMO 和 Bartlett's Test

Kaiser－Meyer－Olkin Measure of Sampling Adequacy.		0.766
Bartlett's Test of Sphericity	Approx. Chi－Square	418.769
	df	45
	Sig.	0.000

通过因子分析能够得到总方差分解表 10－16，该表反映了特征根的数值和变化情况，公共因子数量的确定以特征根大于 1 作为选择标准。通过因子分析共抽取四个方差最大旋转特征根大于 1 的因子，解释总体方差为 69.157%，能够涵盖原始数据的大部分信息，解释情况良好。

表 10－16　目标知识定价决策因素解释的总方差

成分	初始特征值			提取平方和载入			旋转平方和载入		
	合计	方差的%	累积 %	合计	方差的%	累积 %	合计	方差的%	累积 %
1	3.552	35.518	35.518	3.552	35.518	35.518	2.065	20.652	20.652
2	1.517	15.172	50.690	1.517	15.172	50.690	1.659	16.587	37.240
3	1.032	10.325	61.015	1.032	10.325	61.015	1.612	16.119	53.358
4	0.814	8.142	69.157	0.814	8.142	69.157	1.580	15.799	69.157
5	0.697	6.973	76.130						
6	0.648	6.476	82.607						
7	0.609	6.092	88.698						
8	0.437	4.366	93.065						
9	0.387	3.866	96.931						
10	0.307	3.069	100.000						

表 10－17 是对初始因子负荷矩阵利用方差最大化作正交旋转后得到的正交因子负荷矩阵。该矩阵显示出四个公共因子对单个变量的负荷。旋转后的因子数值有分化，每个公共因子只有少数几个指标的因子载荷较大，有一定的实际意义。在第一个公共因子中系数绝对值较大的指标有两组织知识的相关性、目标知识的隐性化程度、目标知识与组织环境的相关程度（嵌入性），这些都是影响知识距离的因素。因此，这一个公共因子可以命名为“知识距离”。第二个公共因子中系数绝对值较大的指标有两组织的信任关系和目标组织的声誉，因此，这一个公共因子可以命名为“信任关系”。第三个公共因子中系数绝对值较大的指标有主并组织的学习能力和整合创新的可能性，属于主并组织的吸收能力。第四个公共因子中系数绝对值较大的指标有两组织文化的相似性、目标企业现有的赢利水平和创新能力，因子载荷都偏小，说明不存在明显的公共因子，量表的设计需要修正。

表 10－17　目标知识定价决策因素旋转成分矩阵

目标知识定价决策因素	Component			
	1	2	3	4
目标知识定价时，两组织知识的相关程度	0.804	0.215	0.047	－0.006
目标知识定价时，目标知识的隐性化程度	0.777	－0.069	0.087	0.104
目标知识定价时，目标知识与组织环境的相关程度	0.813	0.209	0.077	0.194
目标知识定价时，两组织之间的信任关系	0.275	0.745	0.162	0.176
目标知识定价时，目标组织的声誉	0.048	0.782	0.269	0.195
目标知识定价时，主并组织的学习能力	0.138	0.300	0.002	0.798
目标知识定价时，两组织知识整合集成为新知识的可能性	0.082	0.116	0.266	0.759
目标知识定价时，两组织在文化上的相似程度	0.199	－0.234	0.631	0.469
目标知识定价时，目标企业现有的赢利水平	0.013	0.323	0.753	0.167
目标知识定价时，目标企业的创新能力	0.102	0.367	0.679	0.005

三、目标知识整合决策因素的因子分析

对十个要素指标进行 KMO 测度和球形 Bartlett 检验，样本的 KMO 值为 0.929，球形 Bartlett 检验的 Sig 统计值的显著性概率为0.000，如表 10－18 所示，说明此样本适宜进行因子分析。

表 10－18　目标知识整合决策因素的 KMO 和 Bartlett's Test

Kaiser－Meyer－Olkin Measure of Sampling Adequacy.		0.929
Bartlett's Test of Sphericity	Approx. Chi－Square	1.022（E^3）
	df	45
	Sig.	0.000

通过因子分析能够得到总方差分解表 10－19，该表反映了特征根的数值和变化情况，公共因子数量的确定以特征根大于 1 作为选择标准。通过因子分析共抽取四个方差最大旋转特征根大于 1 的因子，解释总体方差为 80.028%，能够涵盖原始数据的大部分信息，解释情况良好。

表 10－19 目标知识整合决策因素解释的总方差

成分	初始特征值			提取平方和载入			旋转平方和载入		
	合计	方差的%	累积 %	合计	方差的%	累积 %	合计	方差的%	累积 %
1	6.246	62.465	62.465	6.246	62.465	62.465	2.855	28.545	28.545
2	0.671	6.707	69.172	0.671	6.707	69.172	2.004	20.044	48.589
3	0.577	5.774	74.946	0.577	5.774	74.946	1.837	18.375	66.964
4	0.508	5.082	80.028	0.508	5.082	80.028	1.306	13.064	80.028
5	0.470	4.699	84.728						
6	0.408	4.082	88.810						
7	0.380	3.798	92.608						
8	0.323	3.233	95.841						
9	0.223	2.228	98.068						
10	0.193	1.932	100.000						

表 10－20 是对初始因子负荷矩阵利用方差最大化作正交旋转后得到的正交因子负荷矩阵。该矩阵显示出四个公共因子对单个变量的负荷。旋转后的因子数值有分化，每个公共因子只有少数几个指标的因子载荷较大，有一定的实际意义。在第一个公共因子中系数绝对值较大的指标有知识共享氛围、员工的主动参与、设立专门推动知识整合的机构和设置交叉培训讲师，前两个因素是基于信任关系的，后两个因素是组织措施，与信任关系相关性不大，因此这个公共因子难以命名。第二个公共因子中系数绝对值较大的指标有跨部门团队、工作轮换和电子信息平台，都属于组织措施，因此，这一个公共因子可以命名为“组织措施”。第三个公共因子中系数绝对值较大的指标有知识的隐性化程度和吸收方的知识基础，都属于影响知识距离的因素，因此，这一个公共因子可以命名为“知识距离”。第四个公共因子中系数绝对值较大的指标只有物质和精神激励制度，可以命名为“组织激励制度”。

表 10-20 目标知识整合决策因素旋转成分矩阵

目标知识整合决策因素	Component			
	1	2	3	4
整合目标知识时，组织的知识共享氛围	0.825	0.199	0.302	0.180
整合目标知识时，组织员工主动参与	0.734	0.299	0.368	0.150
整合目标知识时，设立专门推动知识整合的机构	0.762	0.313	0.158	0.268
整合目标知识时，在主并组织和目标组织中分别选一些员工交叉担任培训讲师	0.646	0.303	0.365	0.263
整合目标知识时，设立跨部门团队	0.409	0.678	0.211	0.246
整合目标知识时，建立工作轮换制度	0.253	0.848	0.242	0.139
整合目标知识时，建立电子信息平台	0.249	0.501	0.488	0.438
整合目标知识时，目标知识的隐性化程度	0.368	0.419	0.632	0.108
整合目标知识时，知识吸收方的知识基础	0.350	0.190	0.820	0.224
整合目标知识时，建立物质和精神激励制度	0.294	0.211	0.199	0.881

四、目标组织对本组织知识定价决策因素的因子分析

对十个要素指标进行 KMO 测度和球形 Bartlett 检验，样本的 KMO 值为 0.755，球形 Bartlett 检验的 Sig 统计值的显著性概率为 0.000，如表 10-21 所示，说明此样本适宜进行因子分析。

表 10-21 目标组织对本组织知识定价决策因素的 KMO 和 Bartlett's Test

Kaiser-Meyer-Olkin Measure of Sampling Adequacy.		0.755
Bartlett's Test of Sphericity	Approx. Chi-Square	362.277
	df	45
	Sig.	0.000

通过因子分析能够得到总方差分解表 10-22，该表反映了特征根的数值和变化情况，公共因子数量的确定以特征根大于 1 作为选择标准。通过因子分析共抽取四个方差最大旋转特征根大于 1 的因子，解释总体方差为 68.116%，能够涵盖原始数据的大部分信息，解释情况较好。

表 10－22 目标组织对本组织知识定价决策因素解释的总方差

成分	初始特征值			提取平方和载入			旋转平方和载入		
	合计	方差的%	累积 %	合计	方差的%	累积 %	合计	方差的%	累积 %
1	3.029	30.286	30.286	3.029	30.286	30.286	1.891	18.911	18.911
2	1.936	19.363	49.649	1.936	19.363	49.649	1.688	16.875	35.786
3	1.108	11.081	60.729	1.108	11.081	60.729	1.684	16.837	52.623
4	0.739	7.386	68.116	0.739	7.386	68.116	1.549	15.492	68.116
5	0.716	7.164	75.280						
6	0.650	6.499	81.778						
7	0.522	5.215	86.994						
8	0.493	4.928	91.922						
9	0.425	4.247	96.169						
10	0.383	3.831	100.000						

表 10－23 是对初始因子负荷矩阵利用方差最大化作正交旋转后得到的正交因子负荷矩阵。该矩阵显示出四个公共因子对单个变量的负荷。旋转后的因子数值有分化，每个公共因子只有少数几个指标的因子载荷较大，有一定的实际意义。在第一个公共因子中系数绝对值较大的指标有两组织知识的相关性、知识的隐性化程度和主并组织的知识共享氛围，前两个因素都是反映知识距离的，后一个因素是组织环境，与知识本身相关性不大，因此将这个公共因子命名为“知识距离”有一定代表性。第二个公共因子中系数绝对值较大的指标有知识成本、信任关系和合作时间，前一个因素属于价值因素，后两个因素可以用“信任关系”来命名，因为一般合作时间越长，信任关系越强。第三个公共因子中系数绝对值较大的指标有主并组织员工的学习能力和经验、知识整合创新的风险，两者都影响知识整合创新，因此，公共因子可以命名为“知识整合创新”。第四个公共因子中系数绝对值较大的指标有股权激励制度和组织文化，可以命名为“组织软环境”。

因子分析的结果表明，信任关系和知识距离是影响知识并购目标选择、知识目标定价（包括买方和卖方的定价决策）和知识整合决策的共同因素，信任关系和知识距离是贯穿知识并购决策过程的关键因素。

表 10-23　目标组织对本组织知识定价决策因素旋转成分矩阵

	Component			
目标组织对本组织知识定价决策因素	1	2	3	4
对本组织的知识定价时，两组织知识的相关性	0.746	-0.111	0.162	0.230
对本组织的知识定价时，知识的隐性化程度	0.734	0.346	0.171	-0.167
对本组织的知识定价时，主并组织的知识共享氛围	0.707	-0.064	0.059	0.422
对本组织的知识定价时，目标组织知识的成本	0.057	0.764	0.304	-0.006
对本组织的知识定价时，目标组织与主并组织的信任关系	0.011	0.752	0.037	0.235
对本组织的知识定价时，目标组织与主并组织的合作时间	0.014	0.557	0.454	0.000
对本组织的知识定价时，主并组织的学习能力和员工经验	0.066	0.144	0.861	0.137
对本组织的知识定价时，知识整合创新的风险	0.195	0.210	0.753	-0.123
对本组织的知识定价时，主并组织的股权激励制度	0.032	0.111	0.062	0.878
对本组织的知识定价时，主并组织的文化	0.498	0.125	-0.111	0.655

第十一章　结论和展望

本书主要以知识型组织并购战略为研究对象，围绕为什么选择并购、并购的动力何在、并购的真正对象是什么、如何选择并购目标、如何估值、如何定价、如何整合等一系列问题展开研究。综合知识经济学、组织管理学、知识管理理论、企业并购理论、博弈理论、期权定价理论、认知心理学和统计理论等多学科的理论知识，运用归纳、演绎、比较分析、定量分析、定性分析、问卷调查和统计分析等方法，对知识并购这一全球性的新课题进行了探索性的研究。

第一节　主要结论

组织以获取无形的知识资源为目的的并购行为即为知识并购，我们主要研究知识型组织之间的知识并购战略。我们将知识并购分为产权控制型并购和知识整合型并购，而且主要以知识整合型并购作为分析对象。知识并购具有以下特征：并购的目标是由关键员工组成的团队所掌握的知识；目标组织价值的模糊性；并购整合需要柔性管理；知识价值最大化是其最终目的，通过知识价值最大化来实现并购盈利。

我们的研究认为，信任关系和知识距离是影响知识获取方式选择的主要因素。组织之间的信任关系越强，组织通过知识并购成功获取知识的可能性越大；知识距离越大，组织就越有必要采用知识并购的方式来获取知识。

组织生存和发展依靠的是其动态能力，而动态能力的支撑力量是组织的核心知识，核心知识进化了，动态能力才能提升。知识并购能为核心知识进化引入新的知识基因，创造知识异质性更强的知识生态系统，进而提高核心知识进化的质量和速度。知识并购的动因就是通过知识进化提升动态能力，而经济动力来自于核心知识承载员工对进化后新知识价值分享的预期。通过知识并购进化核心知识，可以降低创新风险，加快知识网络的进化速度，避免内部进化的刚性风险。

知识并购的目标是一种以网络形式存在的知识资产，我们将其定义为网络式知识。我们的研究认为，网络式知识是组织核心竞争力的源泉，它有两种基本形态，即有核心的网络式知识和无核心的网络式知识，都具有以下特征：用户价值性、异质性、难以复制性和难以转移性。组织对网络式知识进行管理时，要及时辨别网络式知识，认真维护网络式知识，谨慎显性化网络式知识。

从认知心理学的角度来分析知识并购的对象——网络式知识，我们发现认知心理学的基础是交互记忆系统和集体心智，并且具有承载主体相互信任性、知识互补性、应用动态性、难转移性和价值创造性等特征。转移和整合网络式知识要求选择并购目标时考虑以下八点：并购双方的信任关系正向影响知识并购目标的选择；组织文化的相似性正向影响知识并购目标的选择；并购双方知识的相关性对知识并购目标选择的影响是一种倒“U”形关系；组织情境的相似性正向影响知识并购目标的选择；知识并购前双方的联系紧密程度正向影响知识并购目标的选择；主并组织成员的相关基础知识正向影响知识并购目标的选择；目标组织员工的学历、项目经验正向影响并购目标的选择；目标组织的规模负向影响并购目标的选择。

知识并购目标知识资产的估值是并购战略决策中的一大难点，传统的并购估值研究已经建立了一些模型，但知识型目标企业的价值评估具有以下特点：估值的主要对象是无形的知识资产；估值的主要障碍是信息不对称；估值的主要风险是创新速度；估值的评价对象是并购双方而不是被并购一方。显然，原有的评估模型需要重新审视。我们比较了 B-S 实物期权模型和二项式实物期权模型，认为后者更简单实用，但仍需要改进。我们的改进之处在于将模型中知识资产价值下跌的倍数系数由已知改为未知，而将知识资产价值变化的概率由未知改为已知，这个概率通过对影响两组织知识资产整合创新的相关因素（与并购双方相关）进行评价来预测。

知识并购目标知识资产的具体定价还是需要通过并购双方谈判来决定，最终的结果取决于双方力量均衡点的位置。通过建立博弈模型进行分析，我们得出了以下结论：完全信息下，在主并组织强势的前提下，目标组织最多只能得到知识资产增值收益的四分之一，相应主并组织能得到四分之三；在目标组织强势的前提下，目标组织得到的知识资产增值收益的多少取决于知识更新的速度，速度快，得到少，速度慢，得到多；双方力量均衡时，知识资产增值收益的分配也取决于知识更新速度，速度慢，双方均分知识资产增值收益，速度快，目标组织只能收回知识资产创新的成本。知识更新速度与知识创新投入之间的矛盾将引发“知识创新悖论”的现象。不完全信息下，并购双方充分信任，知识距离较小，并购定价高；并购双方不信任，知识距离大，并购定价低；并购双方有一定互信，知识距离适当，并购定价将略高于双方估值的平均值。要使双方在谈判中真实披露各自的估值信息，定价规则要设定为：并购定价等于双方声明的目标知识资产估值之和去除估值之积。

知识并购的整合主要是知识资产的转移和整合，需要经过复杂的辨析、分类、共享和内化等过程才能完成。并购后的知识转移和整合环境具有以下特点：信任关系需要重建，管理模式更强调集中管理，员工的工作岗位不稳定，知识共享的标准需要重建，这些特点使知识转移和整合的难度增加。影响并购后知识转移和整合的主要因素是信任关系、知识距离和组织激励机制。主并组织在并购后对知识资产进行转移和整合的过程包括：对目标知识进行分门别类，确定对哪些知识进行重点转移和整合，根据知识本身的特点构建知识转移平台（软、硬环境建设），通过激励措施推动员工积极转移和整合创新知识。

第二节　不足之处及下一步研究的方向

知识型组织并购战略研究是将知识管理和并购战略管理结合起来研究的新课题，也是知识经济和知识管理理论与企业的经营管理实际相结合的课题。对该课题进行系统研究的文献在国内外都比较少见，本书对此展开的探索性研究在研究的深度方面肯定很难令人满意，但希望能够实现抛砖引玉的效果。课题的研究至少在以下三个方面还需要进一步探索：

首先，知识价值最大化理论还只是一个定性的描述，要在实际中应用或成为其他理论的基础，还要在定量分析方面作深度研究，如果能够像利润最大化目标理论一样借助微分方程来分析，那么其应用前景将会更好。

其次，随着历史的发展，人类的创造逐渐表现为人的群体的协作创造。协作创造取代个人创造，组织创造或团队创造取代个人创造是历史必然的发展（费得里克，2008）。网络式知识也必然成为未来社会的主要知识类型，对其的研究需要引入网络技术方面的定量方法并结合认知心理学展开。

最后，在知识并购目标选择、目标知识估值和定价以及知识并购整合的分析中，我们都引入了决策的评价矩阵，这些评价因子权重的设置还需要应用模糊综合评价、粗糙集理论等来完成。

参考文献

[1] A. Buckley, K. Tse, H. Rijken, H. Eijgenhuijsen. Stock Market Valuation with Real Options: Lessons from Netscape. *European Management Journal*, 2002 (5): pp. 512 – 526.

[2] Ahuja, G. and R. Katila. Technological Acquisitions and the Innovation of Acquiring Firms: A Longitudinal Study. *Strategic Management Journal*, 2011, 22: pp. 197 – 220.

[3] Alice Lam. Tacit Knowledge. Organizational Learning and Innovation: A Societal Perspective . *DRUID Working Paper*, 1998: pp. 98 – 22.

[4] Anota Van Gils, Peter Zwart. Knowledge Acquisition and Learning in Dutch and Belgian SMEs: The Role of Strategic Alliances. *European Management Journal*, 2002, 22 (1): pp. 685 – 692.

[5] Anthony Hunter, Rupert Summerton. A Knowledge-based Approach to Merging Information. *Knowledge-based Systems*, 2006 (19): pp. 647 – 674.

[6] Ard – Pieter de Man, Geert Duysters. Collaboration and Innovation: A Review of the Effects of Mergers, Acquisitions and Alliances on Innovation. *Technovation*, 2005.

[7] Armando Cirrincione and Stefano Pace. Heuristics and Network Position: A Cognitive and Structural Framework on Innovation. Arturo Capasso, Giovanni Battista Dagnino and Andrea Lanza (eds). *Strategic Capabilities and Knowledge Transfer within and Between Organizations: New Perspective from*

Acquisitions, *Networks*, *Learning and Evolution.* Cheltenham, UK: Edward Elgar, 2005: pp. 145 - 155.

[8] Arthur, W. B. Increasing Returns and the New World of Business. *Harvard Business Review*, 1996: pp . 100 - 109.

[9] Arturo Capasso and Olimpia Meglio. Knowledge Transfer in Mergers and Acquisitions: How Frequent Acquirers Learn to Manage the Integration Process. Arturo Capasso, Giovanni Battista Dagnino and Andrea Lanza. *Strategic Capabilities and Knowledge Transfer within and between Organizations*: *New Perspective from Acquisitions*, *Networks*, *Learning and Evolution*. Cheltenham, UK: Edward Elgar, 2005: pp. 199 - 225.

[10] Barbara Weber, Christiana Weber. Corporate Venture Capital as A Means of Radical Innovation: Relational Fit, Social Capital and Knowledge Transfer. *Journal of Engineering and Technology Management*, 2007, 24: pp. 11 - 35.

[11] Bartol, K. M. , Srivastava A. Encouraging Knowledge Sharing: The Role of Organizational Reward Systems. *Journal of Leadershiop and Organization Systems*, 2002, 9 (1): pp. 64 - 76.

[12] Black F. and Scholes M. The Pricing of Option and Corporate Liabilities. *Journal of Political Economy*, 1973, 81 (3): pp. 637 - 654.

[13] Bresman Henrik, Birkinshaw Julian, Nobel Robert. Knowledge Transfer In International Acquisitions. *Journal of International Business Studies*, 1999, 30 (3): pp. 439 - 462.

[14] Bruce Smith. An Analyst with Merrill Lynch & Co. in Jeff Angus, Karen M. Carrillo, Justin Hobbard and Bruce Caldwell, IBM and Lotus Get Closer. *Information Week*, 1997, 28: p. 73.

[15] Carrillo Patricia, Anumba Chimay. Knowledge Management in the AEC Sector: An Exploration of the Mergers and Acquisitions Context. *Knowledge*

and Process Management, 2002, 9 (3): pp. 149 - 161.

[16] Coff, R. W. How Buyers Cope with Uncertainty When Acquiring Firms in Knowledge-intensive Industries: Caveat Emptor. *Organization Science*, 1999, 10 (2): pp. 144 - 161.

[17] Cohen, W. M., Levinthal D. A. Absorptive Capacity: A New Perspective on Learning and Innovation. *Administrative Science Quarterly*, 1990, 35: pp. 128 - 152.

[18] Collins, H. M. The Structure of Knowledge. *Social Research*, 1993, 60 (1): pp. 95 - 117.

[19] Cox, J., Ross, S. and Rubinstein, M. Option Pricing: A Simplified Approach. *Journal of Financial Economics*, 1979, 7: pp. 229 - 263.

[20] Cummings, J. L., Teng, B. S. The Keys to Successful Knowledge-sharing. *Journal of General Management*, 2006, 31 (4): pp. 1 - 18.

[21] Cummings, J. L., Teng, B. S. Transferring R&D Knowledge: the Key Factors Affecting Knowledge Transfer Success. *Journal of Engineering and Technology Management*, 2003, 20 (1 - 2): pp. 39 - 68.

[22] Dasgupta P. Trust as A Commodity. Gambetta D (Ed) Trust-making and breaking cooperative relations, Basil Blackwell, Oxford, England, 1988: pp. 49 - 72.

[23] Datta, D. K. Organizational Fit and Acquisition Performance: Effects of Post-Acquisition Integration. *Strategic Management Journal*, 1991, 12 (4): pp. 281 - 297.

[24] Davenport T., Prusak L. *Working Knowledge: How Organizations Manage What They Know*. Boston: Harvard Business School Press, 1998.

[25] Denise Sumpf. Acquisition Integration at Siemens Mobile Phones: Applying A Resource-based Perspective. Arturo Capasso, Giovanni Battista Dagnino

and Andrea Lanza. *Strategic Capabilities and Knowledge Transfer within and between Organizations: New Perspective from Acquisitions, Networks, Learning and Evolution*, Cheltenham, UK: Edward Elgar, 2005: pp. 250 - 274.

[26] D. Kellogg, J. M. Charnes. Real-options Valuation for A Biotechnology Company. *Financial Analysts Journal*, 2000, (56): pp. 76 - 84.

[27] Dyer, J. H. , Singh H. The Relational View: Cooperative Strategy and Sources of Interorganizational Competitive Advantage. *Academy of Management Review*, 1998, 23 (4) : pp. 660 - 679.

[28] Elias G. Carayannis, Jeffrey Alexander, Authony Ioannidis. Leveraging Knowledge, Learning, and Innovation in Forming Strategic Government - University-Industry (GUI) R&D Partnerships in the US, Germany, and France. *Technovation*, 2000, 20: pp. 477 - 488.

[29] Enno Siemsen, Aleda V. Roth, Sridhar Balasubramanian. How Motivation, Opportunity, and Ability Drive Knowledge Sharing: the Constraining-factor Model. *Journal of Operations Management*, 2008, 26: pp. 426 - 445.

[30] E. S. Schwartz, M. Moon. Rational Pricing of Internet Companies. *Financial Analysts Journal*, 2000, 56: pp. 62 - 75.

[31] Fang, L. Y. and Wu, S. H. Accelerating Innovation through Knowledge Co-evolution: A Case Study in the Taiwan Semiconductor Industry. Int. J. *Technology Management*, 2006, 33 (2/3): pp. 183 - 195.

[32] Farok J. Contractor, Wonchan Ra. How Knowledge Attributes Influence Alliance Governance Choices: A Theory Development Note. *Journal of International Management*, 2002, 8: pp. 11 - 27.

[33] F. Modigliani, M. H. Miller. The Cost of Capital, Corporation Finance and the Theory of Investment. *American Economic Review*, 1958, 48 (3): pp. 261 - 297.

[34] Fons Wijnhoven, Ton Spil, Robert Steguee, Rachel. Tjang A Fa. Post Merger IT Integration Strategies: An IT Alignment Perspective. *Journal of strategic systems*, 2006, (15): pp. 2-28.

[35] Fountain, J. E. Social Capital: A Key Enabler of Innovation. In: Branscomb, L. M., Keller, J. H. (Eds.) *Investing in Innovation: Creating A Research and Innovation Policy That Works*. New York: The MIT Press, 1998: pp. 85-111.

[36] Grant, R. M. Prospering in Dynamically-Competitive Environments: Organizational Capability As Knowledge Integration. *Organization Science*, 1996, 7 (4): pp. 375-387.

[37] Grant, R. M. Toward A Knowledge-based Theory of the Firm. *Strategic Management Journal*, 1996 (17): pp. 109-122.

[38] Grossman Sanford and Hart Oliver. The Cost and Benefits of Ownership: A Theory of Vertical and Lateral Integration. *Journal of political economy*, 1986, 94 (4): pp. 691-719.

[39] Gupta, A. K., Govindarajan V. Knowledge Flows within Multinational Corporations. *Strategic Management Journal*, 2000, 21 (4): pp. 473-496.

[40] Harold H. Kelley. The Process of Causal Attribution. *American Psychologist*, 1973, 28 (2): pp. 107-128.

[41] Hayek, F. A. The Use of Knowledge in Society. *American Economic Review*, 1945, 4: pp. 519-530.

[42] Hollingshead, A. B. Distributed Knowledge and Transactive Processes in Groups. In: Neale M. A., Mannix E. A., Gruenfeld D. H. (Eds.). *Research on Managing Groups and Teams* (*Vol.* 1). Greenwich, CT: JAI Press, 1998: pp. 105-125.

[43] Holmqvist, M. A Dynamic Model of Intra-and Inter-organizational Learning. *Organization Studies*, 2003, 24 (1): pp. 95-123.

[44] Hung, S. C. The Co-evolution of Technologies and Institutions: A Comparison of Taiwanese Hard Disk Drive and Liquid Crystal Display Industries. *R&D Management*, 2002, 32 (3): pp. 179 – 190.

[45] Jacobsson Susanne. Acquisitions and Management of Innovative Companies. *Gothenburg: Chalmers University of Technology, Master dissertation*, 1984.

[46] Jonathan Perraton, Iona Tarrant. What Does Tacit Knowledge Actually Explains. *Journal of Economic Methodology*, 2007, 14 (3): pp. 353 – 370.

[47] Jose A. Medina Garrido, Jose Ruiz-Navarro and Sebastian Bruque-Camara. Developing Dynamic Capabilities with IT. Arturo Capasso, Giovanni Battista Dagnino and Andrea Lanza (Eds.). *Strategic Capabilities and Knowledge Transfer within and between Organizations: New Perspective from Acquisitions, Networks, Learning and Evolution.* Cheltenham, UK: Edward Elgar, 2005: pp. 156 – 175.

[48] Joseph Yagil. Mergers and Macro-economic Factors. *Review of Financial Economics*, 1996, 5 (2): pp. 181 – 190.

[49] Kogut, B. and Zander, U. Knowledge of the Firm, Combinative Capabilities, and the Replication of Technology. *Organization Science*, 1992, 3: pp. 383 – 397.

[50] Leonard Barton, D. Wellsprings of Knowledge: Building and Sustaining the Sources of Innovation. *Boston: Harvard Business School Press*, 1995.

[51] Liang Chuan Wu, Chorng Shyong Ong, Yao Wen Hsu. Knowledge-based Organization Evaluation. *Decision Support Systems*, 2008 (45): pp. 541 – 549.

[52] Louis Rheaume, Harjeet S. Bhabra. Value Creation in Information-based Industries through Convergence: A Study of U. S. Mergers and Acquisitions between 1993 and 2005. *Information & management*, 2008 (45): pp. 304 – 311.

[53] Maria Iborra and Consuelo Dolz. Merger and Acquisition Integration: the

Influence of Resources. Arturo Capasso, Giovanni Battista Dagnino and Andrea Lanza. *Strategic Capabilities and Knowledge Transfer within and between Organizations: New Perspective from Acquisitions, Networks, Learning and Evolution*. Cheltenham, UK: Edward Elgar, 2005: pp. 226 –249.

[54] Mats Alvesson. *Knowledge Work and Knowledge-intensive Firms*. New York: Oxford University Press Inc., 2004.

[55] Maura Soekijad, Erik Andriessen. Condition for Knowledge Sharing in Competitive Alliances. *European Management Journal*, 2003, 21 (5): pp. 578 –587.

[56] Meyer, M. H., Utterhack, J. M. The Product Family and the Dynamics of Core Capability. *Sloan Management Review*, 1993: pp. 29 –47.

[57] Moreland, R. L., Argote L., Krishnan R. Socially Shared Cognition at Work: Transactive Memory and Group Performance. In: Nye J. L., Brower A. M. (Eds.). What's Social about Social Cognition. *Research on Socially Shared Cognition in Small Groups*. Thousand Oaks, CA: Sage, 1996: pp. 57 –84.

[58] Moreland R. Transactive Memory: Learning Who Knows What in Work Groups and Organizations. In: L. Thompson, D. Messick, J. Levine (Eds.). *Sharing Knowledge in Organizations*. Hillsdale, NJ: Lawrence Erlbaum, 1999: pp. 3 –31.

[59] Myerson, R. B. Incentive-compatibility and the Bargaining Problem. *Econometrica*, 1979, 47: pp. 61 –73.

[60] Myrian Cloodt, John Hagedoorn, Hans Van Kranenburg. Mergers and Acquisitions: Their Effect on the Innovative Performance of Companies in High-tech Industries. *Research policy*, 2006, 35: pp. 642 –654.

[61] Nieminen H. Organizational Receptivity: Understanding the Inter-organizational Learning Ability. *The Electronic Journal of Knowledge Management*,

2005, 3 (2): pp. 107 -118.

[62] Patricia M. Norman. Knowledge Acquisition, Knowledge Loss, and Satisfaction in High Technology Alliances. *Journal of Business Research* , 2004, 57: pp. 610 -619.

[63] Patricia M. Danzon, Andrew Epstein, Sean Nicholson. Mergers and Acquisitions in the Pharmaceutical and Biotech Industries. *NBER working paper series* 10536, 2004. Http: //www. nber. org/papers/w10536.

[64] Paul R. Carlile. Transferring, Translating, and Transforming: An Integrative Framework for Managing Knowledge across Boundaries. *Organization Science*, 2004, 15 (5): pp. 555 -568.

[65] Penrose, E. T. *The Theory of the Growth of the Firm*. Basil Blackwell: Oxford, 1959.

[66] Prahalad, C. K., Hamel G. The Core Competence of the Corporation. *Harvard Business Review*, 1990 (5 -6): pp. 79 -91.

[67] Ramon Faul' -Oller, Joel Sandon's. To Merge or to License: Implications for Competition Policy. *International Journal of Industrial Organization*, 2003, 21: pp. 655 -672.

[68] Randall Schuler, Susan Jackson. HR Issues and Activities in Mergers and Acquisitions. *European management journal*, 2001, 19 (3): pp. 239 -253.

[69] Ranft, A. L. and M. D. Lord. Acquiring New Technologies and Capabilities: A Grounded Model of Acquisition Implementation. *Organization Science*, 2002, 13 (4): pp. 420 -441.

[70] Re' jean Landry, Nabil Amara, Moktar Lamari. Do Social Capitals Determine Innovation? To What Extent. *Technological Forecasting & Social change*, 2002, (69): pp. 681 -701.

[71] Richard Mcdermott. Why Information Technology Inspired But Cannot Deliver

Knowledge Management. Eric L. Lesser, Mihcael A. Fontaine, Jason A. Slusher. *Knowledge and Communities.* Boston Mass: Butterworth - Heinemann, 2000.

[72] Robert M. Grant. Prospering in Dynamically-competitive Environments: Organizational Capability as Knowledge Integration. *Organization Science*, 1996, 7 (4): pp. 375 - 387.

[73] Romano, L. and E. Rullani. *I Postfordismo: Idee Perils Capitalismo Prossimo Venturo*. Milan: ETAS Libri, 1998.

[74] Ruben. Patent Licensing Revisited: Heterogeneous Firms and Product Differentiation. *International Journal of Industrial Organization*, 2006, 24: pp. 149 - 175.

[75] Sabel, C. F Studied Trust: Building New Forms of Cooperation in A Volatile Economy. *Human Relation*, 1993, 46 (9): pp. 1133 - 1170.

[76] Sanjary Gosain. Mobilizing Software Expertise in Personal Knowledge Exchanges. *The Journal of Strategic Information Systems*, 2007, 16 (3): pp. 254 - 277.

[77] Sawhney, M. and E. Prandelli. Communities of Creation: Managing Distributed Innovation in Turbulent Markets. *California Management Review*, 2001, 42: pp. 24 - 54.

[78] Sheng Tun Li, Ming Hong Tsai. A Dynamic Taxonomy for Managing Knowledge Assets. *Technovation*, 2009 (29): pp. 284 - 298.

[79] Standing C. & Benson S. Irradiating Intranet Knowledge: the Role of the Interface. *Journal of Knowledge Management*, 2000, 4 (3): pp. 244 - 251.

[80] Teece, D. J. , G. Pisano and A. Shuen. Dynamic Capabilities and Strategic Management. *Strategic Management Journal*, 1997, 18 (7): pp. 509 - 533.

[81] Verkasalo M. , Lappalainen P. A Method of Measuring the Efficiency of the

Knowledge Utilization Process. *IEEE Transactions on Engineering Management*, 1998, 45 (4): pp. 414 -423.

[82] Verona, G. and Ravasi, D. Unbundling Dynamic Capabilities: An Exploratory Study of Continuous Product Innovation. *Industrial and Corporate Change*, 2003, 12 (3): p. 577.

[83] Weick, K. E., Roberts, K. H. Collective Mind in Organizations: Heedful Interrelating on Flight Decks. *Administrative Science Quarterly*, 1993, 38: pp. 357 -381.

[84] Wenger, E. *Communities of Practice: Jearning, Meaning and Identity*. Cambridge UK: Cambridge University Press, 1999.

[85] Wegner, D. M., Giuliano T. , Hertel, P. T. Cognitive Interdependence in Close Relationships. In: Ickes W. J. (Eds.). *Compatible and Incompatible Relationships*. New York: Springer -Verlag, 1985: pp. 253 -276.

[86] Williamson Oliver E. *Markets and Hierarchies, Analysis and Antitrust Implications: A Study in the Economics of Internal Organization*. London: the Free press, 1975: pp. 196 -207.

[87] W. Wen, W. K. Wang, T. H. Wang. A Hybrid Knowledge-based Decision Support System for Enterprise Mergers and Acquisitions. *Expert Systems with Application*, 2005, 28: pp. 569 -582.

[88] Yao Tsung Tsai, Ling feng Hsieh. An Innovation Knowledge Game Piloted by Merger and Acquisition of Technological Assets: A Case Study. *Journal of Engineering and Technology Management*, 2006, 23: pp. 248 -261.

[89] Zollo M. and Winter, S. G. Deliberate Learning and the Evolution of Dynamic Capabilities. *Organization Science*, 2002, 13 (3): pp. 339 -351.

[90] [美] 蒂凡纳. 知识管理十步走——整合信息技术、策略与知识平台. 董小英等译. 北京: 电子工业出版社, 2004.

[91] 陈搏. 知识交易及管理研究. 长沙：湖南大学出版社，2009.

[92] 陈搏，王苏生，李志超. 组织核心竞争力与网络式知识管理. 情报杂志，2009，28（5）：118～121.

[93] 陈搏. 知识距离与知识定价. 科学学研究，2007，25（1）：14～18.

[94] 陈搏. 基于知识价值理论的知识交易及管理研究. 上海交通大学博士学位论文，2007.

[95] 陈搏，王苏生. 知识价值转换与知识价值测度. 工业技术经济，2007（11）：90～93.

[96] 陈搏，王苏生. 基于知识距离的知识定价决策模型及其应用. 预测，2008（5）：38～44.

[97] 邓培林. 基于企业技术的并购研究. 西南交通大学博士学位论文，2006.

[98] [美] 戴维·哈丁，萨姆·罗维特. 兼并之道——决定公司并购成败的四个关键决策. 胡中祥，胡枫译. 北京：商务印书馆，2006.

[99] 丁梅生，黄克臣. 创新设想的交易及其实施方式初探. 中南财经政法大学学报，2005（1）：89～94.

[100] [美] 多萝西·伦纳德·巴顿. 知识与创新. 孟庆国，侯世昌译. 北京：新华出版社，2000.

[101] 范领进. 知识价值理论研究. 吉林大学博士学位论文，2004.

[102] 方明，顾渊，宣国良. 信息产品的定价策略研究. 上海经济研究，2000（11）：63～67.

[103] 傅家骥. 工业技术经济学. 北京：清华大学出版社，1996：29～35.

[104] [美] 弗里茨·马克卢普. 美国的知识生产与分配. 孙耀君译. 北京：中国人民大学出版社，2007.

[105] [瑞典] 费得里克·阿思. 创造力 = 人 ×（信息 + 知识）. 发明与创新，2008（2）：20.

[106] 关涛，阎海峰，薛求知. 跨国公司知识转移：产权控制与合作的比较. 科研管理，2008（1）：66~73.

[107] 高汝熹，周波. 知识交易及其定价研究. 上海：上海社会科学院出版社，2008.

[108] 郭俊华. 并购后企业知识资本演化的数学模型. 数学的实践与认识，2004（10）：1~9.

[109] 郭岚，张详建. 基于BP神经网络的企业核心竞争力评价. 科学研究，2007，25（1）：132~137

[110] 何会文，陶峻. 知识密集型服务的定价困惑与解惑. 国际经贸探索，2006（3）：47~49.

[111] 何庆明. 基于智力资本管理的企业战略并购问题研究. 西南财经大学博士学位论文，2005.

[112] 侯汉坡，刘峰. 以提升创新能力为目标的技术并购整合管理研究. 中国科技论坛，2007（3）：90~93.

[113] 胡峰，关涛. 后并购时期企业内隐知识扩散研究——一个基于共同叙述的社会化过程. 自然辩证法研究，2006（7）.

[114] 胡峰. 西方主流经济学对企业并购动机的研究综述. 阴山学刊，2002（5）.

[115] 黄荣怀，郑兰琴. 隐性知识论. 长沙：湖南师范大学出版社，2007.

[116] [美] 杰弗里·摩尔. 公司进化论——伟大的企业如何持续创新. 陈劲译. 北京：机械工业出版社，2007.

[117] 金允汶. 信息产品的定价策略研究. 情报理论与实践，1999（4）：230~232.

[118] [英] R. H. 科斯. 企业的性质. 企业、市场与法律. 上海：上海三联书店，1990.

[119] 黎常. 国际合资企业组织学习影响因素及其绩效研究. 软科学，2008，

22（5）：120～124.

［120］刘星，尹向东，赵泉午，陈升. 钢铁企业横向并购中知识转移影响因素的路径分析. 科研管理，2006（4）：61～65.

［121］刘开勇. 企业技术并购的战略与管理. 北京：中国金融出版社，2004.

［122］刘纯青，杨莘元，张颖. 知识进化策略. 系统工程与电子技术，2007（6）：1018～1020.

［123］刘永强，赵曙明. 跨国公司组织文化与人力资源管理协同研究：知识创新视角. 中国工业经济，2005（6）：90～97.

［124］柳洲，陈士俊. 知识经济时代企业核心能力的哲学阐释. 科学学研究，2007，25（1）：128～131.

［125］李长玲. 知识产品的定价策略分析. 图书馆理论与实践，2006（3）：50～52.

［126］励凌峰，黄培清. 并购中供应链之间的知识整合. 情报科学，2005（7）：971～973.

［127］［美］罗伯特·F. 布鲁纳. 铁血并购：从失败中总结出来的教训. 上海：上海财经大学出版社，2008.

［128］［美］罗杰·B. 迈尔森. 博弈论：矛盾冲突分析. 于寅，费剑平译. 北京：中国经济出版社，2001.

［129］马丁·弗朗斯曼. 信息、知识、愿景与企业理论.［意］乔瓦尼·多西，［美］大卫·J. 蒂斯，［美］约瑟夫·查特里. 技术、组织与竞争力：企业与产业变迁透视. 上海：上海人民出版社，2007.

［130］［英］迈克尔·波兰尼. 个人知识：迈向后批判哲学. 许泽民译. 贵阳：贵州人民出版社，2000.

［131］穆良平. 公司并购的动因：理论与案例分析. 理论与改革，1998（1）.

［132］［日］青木昌彦. 比较制度分析. 周黎安译. 上海：上海远东出版社，2001.

[133] 祁红梅. 知识的吸收与创造. 北京：中国经济出版社, 2007.

[134] 芮明杰, 陈晓静, 王国荣. 公司核心竞争力形成过程：一个函数模型分析. 科研管理, 2008 (1)：60 ~ 65.

[135] 孙涛. 公司并购中目标公司定价理论与方法. 北京：经济管理出版社, 2007.

[136] 孙涛. 公司并购中目标公司的博弈定价模型研究. 统计与决策, 2006：35 ~ 37.

[137] [瑞典] 斯威比. 知识探戈：管理与测量知识资本的艺术. 王鄂生译. 北京：中国海洋出版社, 2007.

[138] [英] P. S. 桑德萨那姆. 兼并与收购. 胡海峰等译. 北京：中信出版社, 1998：2 ~ 3.

[139] 谭大鹏, 霍国庆等. 知识转移及其相关概念辨识. 图书情报工作, 2004, 49 (2)：7 ~ 10.

[140] 王娟茹, 杨瑾. 基于灰色多层次方法的企业知识集成能力评价研究. 科学学与科学技术管理, 2008, 29 (6)：86 ~ 89.

[141] 王娟茹, 赵嵩正, 杨瑾. 基于知识溢出和吸收能力的知识联盟动态模型. 中国管理科学, 2005, 13 (1)：108 ~ 111.

[142] 王莉. 基于市场的技术型资产价值评估与价格确定研究. 天津大学博士学位论文, 2006.

[143] 王磊, 胡荣昌. 企业并购：通过知识互补创造价值. 财会月刊, 2006, 7：14 ~ 15.

[144] 王习农, 刘彦平. 知识并购与企业战略调整. 经济与管理, 2004, 7 (18)：5 ~ 7.

[145] 王毅, 陈劲, 许庆瑞. 企业核心能力：理论溯源与逻辑结构剖析. 管理科学学报, 2000 (3)：24 ~ 32.

[146] 王秀红, 卓德保. 主体隐性知识转移的博弈模型. 情报杂志, 2005

(4)：5～7.

[147] 王立新，董平军. 企业并购后知识资源的整合分析. 江苏商论，2006(5)：128～129.

[148] 汪丁丁. 制度分析基础——一个面向宽带网时代的讲义. 北京：社会科学文献出版社，2002.

[149] 魏成龙，张洁梅. 企业并购后知识整合传导机理的实证研究. 中国工业经济，2009 (5)：119～128.

[150] 吴添祖，陈利华. 跨国并购获取核心技术——中国企业核心竞争力的培育模式. 科学学与科学技术管理，2006，27 (4)：139～143.

[151] 谢识予. 经济博弈论. 上海：复旦大学出版社，2002.

[152] 谢荷锋. 企业员工知识分享中的信任问题实证研究. 浙江大学博士学位论文，2007.

[153] 徐光宇. 软件企业价值研究. 同济大学博士学位论文，2006.

[154] 徐颖. 知识商品交易价格理论研究. 吉林大学博士学位论文，2006.

[155] 徐献军，丛杭青. 论知识传递. 科学学研究，2005，23 (3)：298～303.

[156] 徐碧祥. 员工信任对其知识整合和共享意愿的作用机制研究. 浙江大学博士学位论文，2007.

[157] 西门子以近亿美元购并光桥科技壮大光网络实力. http：//www.ofnmag. com，2006－05－17.

[158] 杨荣. 当代 IT 企业并购重组的动因、风险与对策. 企业经济，2005(9)：77～79.

[159] 杨洵，师萍. 员工个人隐性知识扩散条件与激励. 中国海洋大学学报(社会科学版)，2005 (4)：50～53.

[160] 杨学森. 基于期权博弈的企业并购中的目标企业价值评估研究. 天津大学硕士学位论文，2005.

[161] 原毅军，李宜，高微. 智力资本的协同效应：企业并购成败的关键. 企

业活力，2007（4）：21～23.

［162］袁智德，张宁，宣国良. 世界高科技企业兼并、重组的特征与战略. 外国经济与管理，2000，22（7）：6～12.

［163］于培友，奚俊芳. 企业技术并购后整合中的知识转移研究. 科研管理，2006，27（5）：39～45.

［164］赵林捷，汤书昆，李志刚，肖向兵. 组织间学习效果影响因素的实证研究——以汽车产业为例. 研究与发展，2008（2）：78～84.

［165］赵玉林，张倩男. 我国高技术企业的并购行为分析. 商业时代，2006（23）：91～92.

［166］赵建生，李克华. 对知识密集型企业价值评估方法的探讨. 学术研究，2002（3）：43～45.

［167］周波. 知识交易的定价. 经济研究，2007（4）.

［168］周密，赵文红，姚小涛. 社会关系视角下的知识转移理论研究评述与展望. 科研管理，2007（3）：78～85.

［169］张丽，王永慧. 网上信息服务的定价策略研究. 情报理论与实践，2004（4）：352～354.

［170］张少杰，徐颖，顾穗珊. 基于特殊知识商品的人力资本定价问题研究. 工业技术经济，2005（6）：84～86.

［171］张建华. 企业知识管理中的知识进化. 武汉理工大学学报（信息与管理工程版），2007，10：121～125.

［172］张海涛，唐元虎. 知识型企业并购中的风险控制选择. 科学学研究，2005，6（23）：837～840.

［173］张钢，熊立. 交互记忆系统研究回顾与展望. 心理科学进展，2007，15（5）：840～845.

［174］张学超. 基于期权博弈理论的战略并购定价决策研究. 上海交通大学博士学位论文，2006.

后记

本书是我在博士后工作报告的基础上修改完成的。博士后工作期间，我一直以严谨科学的工作态度来对待这份工作，付出了我全部的聪明才智和辛勤汗水，收获颇丰。这些成果的取得，首先要感谢合作导师王苏生教授，他不但在学术研究方面给我提供了最大的帮助，而且以宽宏博大的胸怀为我提供了非常自由的学术空间。其次，要感谢乐正教授、许扬教授、陆强教授、王轩教授、南岭教授等专家学者为我的研究提供的宝贵意见和帮助。再次，我要感谢哈尔滨工业大学深圳研究生院经济管理学科部、人事处、科研处和财务处等部门的全体老师，他们为我创造了很好的工作条件。最后，我要感谢王苏生教授的博士后、博士生和硕士生，他们与我共享了很多知识。

书稿修改的过程中，我的博士生导师王浣尘教授提出了很多宝贵的意见，在此向他致以最崇高的谢意和敬意。

家人的支持是我奋勇向前的坚强后盾，感谢家人为我所做的一切！

陈博

2011 年 9 月